保险这样买就对了

游森然_著

中信出版集团 | 北京

图书在版编目（CIP）数据

保险这样买就对了 / 游森然著. -- 北京 : 中信出版社, 2020.10（2020.10重印）

ISBN 978-7-5217-2046-4

Ⅰ. ①保… Ⅱ. ①游… Ⅲ. ①人寿保险－基本知识 Ⅳ. ①F840.622

中国版本图书馆CIP数据核字(2020)第127842号

保险这样买就对了

著　　者：游森然
出版发行：中信出版集团股份有限公司
（北京市朝阳区惠新东街甲4号富盛大厦2座　邮编　100029）
承 印 者：北京诚信伟业印刷有限公司

开　　本：880mm×1230mm　1/32　　印　　张：8.5　　字　　数：180千字
版　　次：2020年10月第1版　　印　　次：2020年10月第 3 次印刷
书　　号：ISBN 978-7-5217-2046-4
定　　价：70.00元

目录

序言

这本书送给不知道怎么为自己选择人寿保险产品的人。

任何金融产品都可以从流动性、收益性和安全性三个方面着手探讨。在金融服务行业，有三类牌照与之对应，分别是银行（流动性）、证券和信托（收益性）、保险（安全性）。在这三类牌照之下，无数产品可供大家选择。我们要谈人寿保险的选择，就必须谈到风险管理，因为安全性是保险的核心特征。本书把风险统称为生涯风险，在财富生涯中，财富积累越多，图 0-1 中的事件可能导致的财富损失就越大。生老病死残，都是源于自然事件的常见风险。由婚姻、继承、涉税、债务、刑事责任导致的财产罚没，才是高净值人群的关注点。

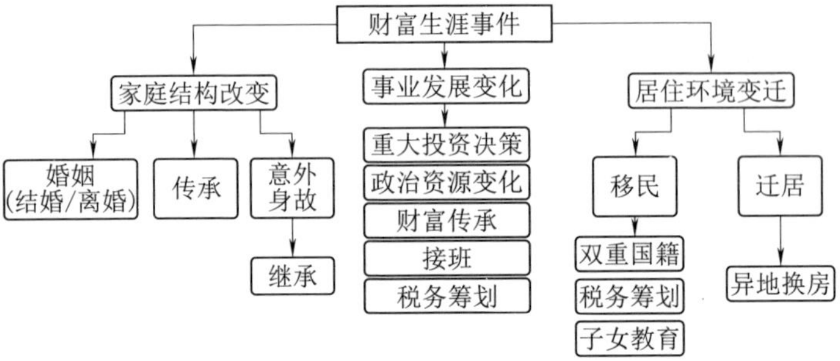

图 0-1　财富生涯事件

自《懂法律，成交更简单》出版以来，我收到很多读者的来信，大家提出了很多意见和建议，绝大多数都很中肯，我非常感谢各位读者的支持和反馈。我总结了一下，建议最多的就是《懂法律，成交更简单》更适合保险从业人员，包括代理人、理财经理和第三方财富管理人员。读者建议我写一本适合老百姓看的、能够帮助大家提升保险观念的书。这个建议和我的写作计划不谋而合。既然我已经写了一本书给从业人员看，那么理应再写一本书给普通读者看。写作本书就是为了感谢大家的支持。从 2019 年 6 月开始动笔，到最后的文稿校改，其间新冠肺炎疫情突发，我经历了 33 年人生中最漫长的一个春节。在忙碌的都市生活中，突然拥有这样一段不期而遇的假期，本来应该感到幸福，但我的心情却是灰色的。为了控制疫情，政府发文延长春节假期。而疫情的暴发，我想是因为人类对自然没有下限的索取。人类的行为没有下限，大自然就会报复我们。财富没有下限，人生也不可能从容。人寿保险，就是提升人生财富下限的工具。

市面上介绍保险观念的图书太多了，这本书从哪个角度切入是个难题。翻书柜的时候，我看到自己大学时代读过的一本李开复先生写的自传《世界因你而不同》，里面有一句经典的话："一个世界有你，一个世界没有你，两者的不同，就是你一生的意义。"李开复先生是我大学时代的偶像之一，他这句话给了我灵感。我从两个方面理解这句话。从保险从业人员的角度理解：一个世界有你，一个世界没有你，那么两个世界的不同就是没有你的那个世界里，你的客户会少很多保单。从读者的角度理解：想象一个世界有两个你，一个你有这些人寿保单，一个你没有这些人寿保单，那么两个世界的你会有怎样的不同？这本书既然是写给读者看的，就应该深入浅出，详细介绍各类险种，并提供实用的保险选购技巧。因此我将书名定为《保险这样买就对了》。

无论我们如何选择人寿保险，保额始终是每款保险产品的灵魂，对保障力度有决定性的影响。而保障力度恰好就是风险转移的强度。保额又称保险金额，是指一个保险合同项下保险公司承担赔偿或给付保险金责任的最高限额，即投保人对保险标的的实际投保金额。选择人寿保险的种类，其实选的就是风险转移的种类，不同的人寿保险转移不同的人生财富风险。但是转移的最终结果，都是以现金的方式进行赔偿。《中华人民共和国保险法》第九十五条第一款规定："保险公司的业务范围：（一）人身保险业务，包括人寿保险、健康保险、意外伤害保险等保险业务。"本书将按照这个逻辑分类，详细论述一个自然人有高保额保险和没有高保额保险到底有什么不同。

第一章
财富规划的三大基本常识

| 第一节 |

什么是财富？

人世间所有财富悲剧故事的发生，都是因为人们拥有财富的数量和掌控财富能力的不匹配，简单地说，就是“德不配位”。自古以来，集天下之财就是集天下之祸。挣钱是一种能力，守钱更是一种能力。一旦拥有了财富，麻烦也就随之而来。财富越多，麻烦越大。最大的麻烦就是财富管理能力的提升速度跟不上财富增长的速度。你永远赚不到你认知范围外的钱，即使侥幸赚到，也会在未来某个时间“靠实力赔掉”。

财富二字的字体构造，其实就说明了这个问题（如图 1–1 所示）。“财”，左边为“贝”（“贝”代表货币，先民铸币都是用贝壳），右边为“才”（“才”代表才能，也就是财富管理能力）。根据汉字的书写规则，左右结构的字，右边要写得略大于左边，这就是财富管理能力要超越财富拥有数量的原因，对财富的主人来说，这才是“财”。至于“富”，宝盖头代表安全，“一”代表自己，“口”代表花销（民以食为天），“田”本身就是财富。土地在中国传统文化中的价值不仅仅是财产这么简单。我国历来重农抑商，土地被誉为财富之本。由于土地可以被用来耕种和放牧，粮食和牲畜也是财产，因此土地又被称为“生生不息的财产”。“富”字可以解读为安全的、专属的、能为我所用的、生生不息的财富。

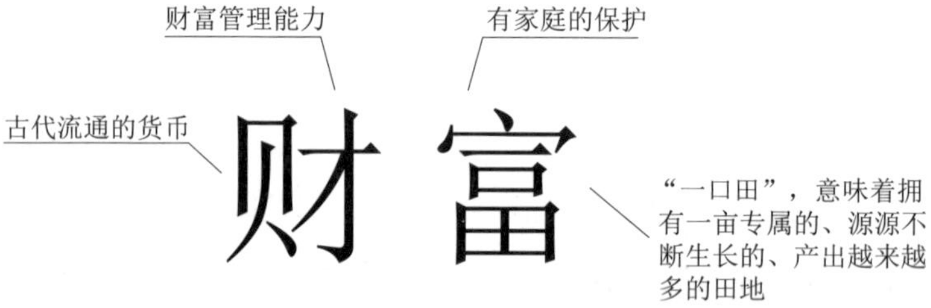

拥有财产、财富管理能力，一家人享有安全、专属、每年产出越来越多的“一口田”。

图 1-1　从字体构造角度解析财富

时至今日，大量事实表明，人们对财富的认识仅仅表现为对财富数量的追求，很少有人对财富的风险进行思考，更少有人会去思考自己或自己未来的接班人有无管理财富的能力。林则徐有一句关于财富管理的名言：“子孙若如我，留钱做什么，贤而多财，则损其志；子孙不如我，留钱做什么，愚而多财，益增其过。”说的就是他认为德不配位的情况应该如何处理。但是今天看来，这句话也有历史的局限性，毕竟那个时候林则徐目力所及是没有人寿保险和家族信托的。

拥有财富的数量和管理财富的能力不匹配的问题该如何解决？很多人的答案是培养能力。孔子弟子三千，贤才七十二，优等生的概率不到3%。听过“十年树木，百年树人”，没听过“十年树木，百年树人才”，成人容易，成才很难。管理财富的能力也叫财商，是一种极难速成的才能，尤其是在拥有巨量财富的情况下。当代，人寿保险和家族信托的特征是可以分离财富的所有权和受益权，它们可以用来解决这个难题。既然拥有财富就会面临风险，那么可不可以不承担拥有财富的风险，只享受财富呢？林则徐肯定不知道怎么做。但是各位读者如果耐心读完本书，就一定会知道。

第二节
什么是利他合同？

什么叫所有权和受益权相分离？这要从利他合同说起。利他合同[1]指的是双方当事人约定由一方向第三方给付之合同，债务人对债权人履行向第三人给付的义务，第三人亦得直接请求债务人向自己给付。利他合同突破了合同相对性原则，并非合同当事人的第三人可以获得对合同债务人的履行请求权。小A送小B一台空调，小A与甲快递公司约定送到小B家里，快递费到付。问：小B如果不付钱，甲快递公司应该找谁要？答：当然是小A，因为是小A与快递公司签订的合同。这就是合同的相对性，谁跟你签的，你找谁。利他合同突

1 《中华人民共和国合同法》第六十四条　当事人约定由债务人向第三人履行债务的，债务人未向第三人履行债务或者履行债务不符合约定，应当向债权人承担违约责任。

破了这个原则。如果一份年金保险的投保人是张大，被保险人是张中，身故受益人是张小（张大是张中的父亲、张小的爷爷），保险公司为甲公司，你会发现，与甲公司签订保险合同的是张大，缴费的是张大，有权领取生存金的是张中，张中身故以后领取赔付的是张小。合同的解除权在张大手里，但是生存金由张中去甲公司领取。张中对甲公司有给付生存金的请求权，甲公司有按合同约定给付生存金的义务。这就叫利他合同，人寿保险是典型的利他合同。[1] 利他合同是一个法律概念，将这样的概念运用于金融工具，就会让所有权和受益权分离。所有权和受益权分离，就可以解决拥有财富的数量和管理财富的能力不匹配的问题。

---

1 《中华人民共和国保险法》第十八条　保险合同应当包括下列事项：

（一）保险人的名称和住所；

（二）投保人、被保险人的姓名或者名称、住所，以及人身保险的受益人的姓名或者名称、住所；

（三）保险标的；

（四）保险责任和责任免除；

（五）保险期间和保险责任开始时间；

（六）保险金额；

（七）保险费以及支付办法；

（八）保险金赔偿或者给付办法；

（九）违约责任和争议处理；

（十）订立合同的年、月、日。

投保人和保险人可以约定与保险有关的其他事项。

受益人是指人身保险合同中由被保险人或者投保人指定的享有保险金请求权的人。投保人、被保险人可以为受益人。

保险金额是指保险人承担赔偿或者给付保险金责任的最高限额。

这里举一个例子，李老汉今年 60 岁，住在养老院，有人民币 1 000 万元，存在银行里，作为养老费。有一天，李老汉被绑架了，绑匪逼李老汉说出银行卡密码。我想，李老汉在威逼之下应该很容易就范。张老汉今年同样 60 岁，也住在养老院，每月领取生存金 10 万元，这笔生存金来自张老汉青年时代张父作为投保人给他购买的人寿保险，张父已经缴纳完保费多年，且早已去世。如果此时绑匪想要张老汉就范，难度就很大了。首先，张老汉的钱由保险公司按月给付，保险公司会严格按照合同约定执行，张老汉和绑匪都无权改动这个合同。解除合同虽然可以得到一笔不菲的退保金（现金价值），但是解除权在张父手里。张父已经去世，这份合同属于“投保人空位”状态，张老汉作为被保险人解除不了，绑匪也不可能逼张老汉解除，因为他没有解除权。拿不到退保金，绑匪会怎么办？养着张老汉，每月拿 10 万元？还是杀了张老汉，一分钱都拿不到？两者显然都不是最好的选择，因此绑匪大概率会放了他。李张二人的命运为什么不一样？因为李老汉是财富的所有者，他必须自担风险，张老汉不是财富的所有者，财富的所有者是保险公司（因为保费缴到保险公司），财富的掌控者是张父（已经去世），财富的受益者是张老汉，但是受益的方式不是一次性领取而是逐月领取。契约让财富的所有者不能掌控财富，财富的掌控者不能拥有财富，财富的受益者既不能掌控也不能一次性拥有全部财富，三权分立，这就解决了拥有财富的数量和管理财富的能力不匹配的问题。

当然，从金融工具的角度来说，他益信托也是这个逻辑。在今天中国的人寿保险市场中，绝大多数年金保险都是终身领取的，只要创富者（也是风险的直接面对者）正视问题，在合适的时候利用工具把所有权和受益权分离，就可以让自己的家人拥有安全且与生命等长的现金流。

| 第三节 |

为什么财富规划离不开保险配置？

山雨欲来风满楼，今天的人寿保险市场面临三大变化。第一个变化是由“从 0 到 1”到“从 1 到 *N*”。大概在 20 年前，人们对人寿保险几乎没有什么购买意识，中国的第一代保险代理人，背熟人寿保险的意义与功能，拿着最基础的保障类险种，从亲人、朋友、邻居开始挨家挨户地推销。那个时代，人们没有保险意识，也不相信保险，但是因为相信保险代理人，有些人买了。“从 0 到 1”，这些人有了自己的第一份人寿保险。最近，我去平安人寿广州某营业区调研，一位从业 20 多年的总监告诉我，保险行业现在太难做了，在广州，一个没有任何行业积累的新人如果没有下定至少三个月零收入的决心，沉下心来学习专业保险知识，那么几乎无法留下来。我说这不太可能，身边总有亲戚可以支持一下。这位总监回答说，那是10年前，现在条件稍微好一点儿的客户几乎都买过了。保险意识人们都有，不需要像我们当年入行时那样去唤醒需求。大家都有需求，都会买，甚至有的人还会买很多，只是不一定在自己亲戚那里买。优质客户几乎都有专业的保险代理人。虽然是亲戚，但是人家都买过了，你又没有专业知识，无法唤醒新的需求，所以很难在这个行业留存下来。这就是“从1到N”。客户可能会问“我有保险意识，我已经买过人寿保险了，我知道它有用，我还需要再买吗?”你回答:“可以，没有问题!”客户会再次发问:“我有钱，但你得先告诉我为什么，它到底能解决我的哪些问题?”

第二个变化是从信息不对称到信息对称。如果你是80后，在读这本书之前，你可以了解一下当年父母是怎么给自己购买人寿保险的，当初他们的保险信息是从哪里来的，他们有没有比较过产品。他们一定会回答，是因为某位同事、朋友或亲戚做保险去了，某年某月某日跟他们说了一通，他们就买了，没有比较过产品，因为不知道如何比较，也没有比较的渠道。前不久，我的一个85后律师同事要为自己购买重疾保险，来跟我咨询，我推荐了几个产品类型给他。两天后，他给了我一份资料，我发现他把尽职调查[1]的技能都用上了。这份资料满

1　尽职调查也称审慎调查，指在收购过程中收购者对目标公司的资产和负债情况、经营和财务情况、法律关系以及目标企业所面临的机会与潜在的风险进行的一系列调查，是企业收购兼并程序中最重要的环节之一，也是收购运作过程中重要的风险防范工具。

满 40 多页，涉及 8 家公司的同类型产品，有保险产品计划书，甚至还有佣金比例。我吓了一跳，很认真地跟他说：“这几万块的保费值得你花那么大力气吗?”他回复说：“没有花多大力气，互联网上都有信息查找渠道。”他向我展示他是怎么得到这些资料的，还告诉我这些渠道都是保险代理人告诉他的。我看完以后沉默了很久，我想，他如果去抖音或快手这类视频直播平台做一场直播，直播主题就叫“如何在选中险种以后对比保险产品，实操视频教学”，肯定会很火。

第三个变化是消费需求升级。我国自 1978 年进入改革开放以来的 42 年间，创造了很多资本主义国家上百年才能创造的财富。第一批富人阶层在未来的 5~15 年有上千亿元的财富需要传承。人寿保险和家族信托在我国尚未普及，却被时代推着向前发展。随着传承时代的到来，老龄化的时代也到来了。我们国家面临一个快速发展的老龄社会。

30 年后，中国将“跑步”进入超级老龄社会。2000 年以前，我们还是一个非常年轻的社会，到处都在讲劳动人口红利；2000 年，中国进入老龄社会；2020—2025 年，中国一定会进入深度老龄社会；2030 年，65 岁以上的老人会达到全国总人口的 20%。中国从进入老龄社会到进入深度老龄社会将用时约 20 年，之后再过 10 年就会进入超级老龄社会。中国从年轻的社会进入老龄社会、深度老龄社会、超级老龄社会，大概用时 30 年。

图 1-2 显示了 2019—2050 年我国企业职工基本养老保险

基金当期结余的预测。

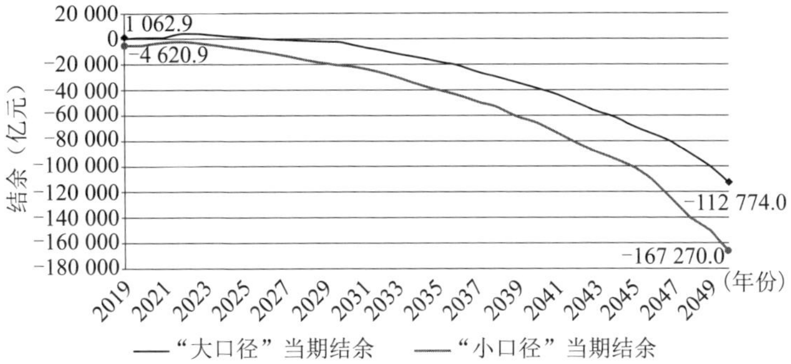

图 1-2　2019—2050 年中国企业职工基本养老保险基金当期结余预测[1]

美国从 1950 年进入老龄社会，到 2015 年进入深度老龄社会，一共用时 65 年。65 年，足够美国人“有备而老”。比较之下，我们可以得出的结论是，中国社会的老龄化速度非常快，存在“快速老龄化”现象。我们还面临着另外一个问题。大多数发达国家在进入老龄社会时，人均 GDP（国内生产总值）不低于 1 万美元；在进入深度老龄社会时，人均 GDP 不低于 2 万美元。当发达国家进入超级老龄社会时，比如今天的德国、日本，人均 GDP 约为 4 万美元。那么中国在 2000 年进入老龄社会时，人均 GDP 是多少？ 900 多美元，离 1 万美元

1　郑秉文主编：《中国养老金精算报告 2019—2050》（以下简称《报告》），中国劳动社会保障出版社，2019 年 4 月。

还差很多。和我国同期进入老龄社会的新加坡，人均 GDP 是 2.3 万多美元，是我国的 20 多倍。中国人未富先老，已成不可改变的事实。但是改革开放的前 42 年，中国还是积累了一大批中产阶层，在这样的养老大趋势下，他们应该如何规划自己的养老生活，人寿保险在其中又有什么不可替代的作用，本书都会详细说明。

以上三个变化让人们对人寿保险的作用提出了“灵魂拷问”，人寿保险真的可以解决诸多问题吗？如果可以，那么我该怎么买？找谁买？何时买？买多少？

政府这几年陆续推出了三个政策及法规，从顶层设计上为人寿保险搭起了真正的“起飞”平台。第一个是 2015 年 12 月 1 日起生效的《最高人民法院关于适用〈中华人民共和国保险法〉若干问题的解释（三）》（以下简称《解释三》）。[1] 保险法一共有四个司法解释，第一个和第二个讲保险合同的成立、生效条件等问题，第三个针对保险合同中人身保险部分的有关问题进行详细介绍，第四个解释财产保险相关问题。之所以单独出台一个司法解释，就是为了明确人寿保险的安全性本质，厘清其在法律上的安全边界。很多读者会问，万一我负债了，或者因为犯罪被处罚了，人寿保险会被法律强制执行吗？下面

1 《最高人民法院关于适用〈中华人民共和国保险法〉若干问题的解释（三）》于 2015 年 9 月 21 日由最高人民法院审判委员会第 1 661 次会议通过，自 2015 年 12 月 1 日起施行。

以一个刑事案件为例说明这个问题（以下为执行裁定书节选，案例中隐去相关隐私信息）。[1]

2018年10月22日，本院调查被执行人人身保险产品财产性权益，江苏省保险行业协会反馈截止到11月5日朱某兵名下有保单号为P04000000595××××、P05000000102××××的保险合同，沈某名下有保单号为P02000000571××××、P02040000166××××的保险合同，阎某名下有保单号为C16405××××、H16190××××、H16190××××、C16571××××、H16190××××、C16571××××的保险合同。对于三被执行人为投保人的保单P04000000595××××、P02000000571××××、C16405××××、H16190××××、H16190××××、C16571××××、H16190××××、C16571××××，本院邮寄通知三被执行人家属是否同意承受投保人的合同地位、维系保险合同效力并向本院交付相当于退保后现金价值的财产替代履行；同时考虑到三被执行人2016年6月23日被刑事拘留，之后无法通过个人财产为延续保险合同效力续交保险费，本院要求被执行人家属承担保险合同成立至2016年6月23日期间的保单现金价值。此外本院委托监狱狱政科向三被执行人送达退保通知及退保申请书模板，告知被执行人在其家属不同意缴纳保单现金价值的情况下人民法院将强制解除保险合同。对于朱某兵为投保人的保单P04000000595××××，

1 江苏省苏州市中级人民法院执行裁定书（2018）苏05执844号。

案外人李某于2018年12月14日缴纳保单现金价值72 000元，本案不再执行该保单现金价值；对于沈某为投保人的保单P0200000571××××，案外人朱某于2018年12月13日缴纳保单现金价值22 990元，本案不再执行该保单现金价值；对于阎某为投保人的保单C16405××××、H16190××××、H16190××××、C16571××××、H16190××××、C16571××××，案外人陆某亚于2018年12月15日缴纳保单现金价值4 920元，本案不再执行上述保单现金价值。

对于案外人李某为投保人的保单P0500000102××××，经审查保险责任承担方式为身故保险金，被保险人为朱某兵，受益人为李某，本案不再执行该身故保险金；对于案外人沈某荣为投保人的保单P0204000166××××，经审查保险责任承担方式为生存保险金、身故保险金，被保险人沈某，生存受益人沈某、身故受益人法定，生存保险金已提取，本案不再执行该身故保险金。

人民法院在生效的裁判文书中确定判处被告人需要依法缴纳罚金的，被告人需用合法财产缴纳罚金；判处没收个人财产的，也包含没收个人的合法财产。对于被判处没收个人财产的或被判处依法缴纳罚金但无法全部缴纳罚金的被告人，人民法院可强制执行其财产，包括保单的现金价值。

因此，若保单的现金价值低，被保险人、受益人可以选择同意承受投保人的合同地位、维系保险合同的效力，向人民法院交付相当于退保后保单现金价值的财产替代履行，这种情况下，人民法院将不再执行保单的现金价值。

通过这个案例，我简单地给各位读者分析一下人寿保险的安全性。朱某兵、沈某、阎某三人因为刑事处罚的附加刑要被执行财产。在我国，刑事责任财产刑只有两种，罚金和没收财产。[1] 三个犯罪分子的财产不足以缴纳罚金，法院查到了他们持有的人寿保单（三人均作为投保人），准备执行退保后的现金价值（现金价值属于投保人的财产，可以被执行），而此时李某、朱某、陆某亚（三人为犯罪分子的近亲属，也是保单的被保险人）通过缴纳现金价值的方式"留"下了保单。这是怎么做到的呢？这得益于《解释三》的第十七条（以下简称第十七条）："投保人解除保险合同，当事人以其解除合同未经被保险人或者受益人同意为由主张解除行为无效的，人民法院不予支持，但被保险人或者受益人已向投保人支付相当于保险单现金价值的款项并通知保险人的除外。"第十七条确立了在投保人、被保险人不是同一人的情况下，被保险人的介入

---

1 《中华人民共和国刑法》第五十三条　罚金的缴纳　罚金在判决指定的期限内一次或者分期缴纳。期满不缴纳的，强制缴纳。对于不能全部缴纳罚金的，人民法院在任何时候发现被执行人有可以执行的财产，应当随时追缴。由于遭遇不能抗拒的灾祸等原因缴纳确实有困难的，经人民法院裁定，可以延期缴纳、酌情减少或者免除。

第五十九条　没收财产是没收犯罪分子个人所有财产的一部或者全部。没收全部财产的，应当对犯罪分子个人及其扶养的家属保留必需的生活费用。

在判处没收财产的时候，不得没收属于犯罪分子家属所有或者应有的财产。

权。也就是说，当投保人遭遇债务危机甚至要承担刑事责任的时候，被保险人只需要拿出保单的现金价值替代履行就可以留住这份保单。如关于本案中的李某，执行裁定书原文这样写道:“对于朱某兵为投保人的保单 P04000000595××××，案外人李某于 2018 年 12 月 14 日缴纳保单现金价值 72 000 元，本案不再执行该保单现金价值。”李某花了 72 000 元，留住了这张保单。这张保单，是平安人寿 10 年前售卖的一款叫作“逸享人生”的产品，如今已经停售了。它是一款养老年金保险，具有低现金价值、高生存金的特点。李某这样做是非常划算的，她是被保险人，她支付 72 000 元留下保单之后，根据“逸享人生”产品的条款约定，将可以得到现金价值 7 倍以上的生存金。

有一个例子，可以帮助各位读者理解介入权。老张是一个民营企业家，因为资金周转需求，找朋友老赵借了 5 000 万元。在借款之前，老张已经购买了一份年金保险（每年缴 200 万元的保费，缴满 5 年后现金价值为 200 万元）且缴费完毕。根据保险责任，从第五年开始，保险公司将每年给付被保险人 35 万元年金，之后每隔 5 年增长 10%（即 38.5 万元、42 万元、45.5 万元），无分红。如图 1–3 所示，投保时，老张是投保人（65 岁），儿子小张是被保险人（45 岁），孙子小小张为受益人（20 岁）。根据合同约定，被保险人小张只要活着，就可以每年领取至少 35 万元，每多活 5 年，领取金额还会增加，活多久，领取多久。被保险人小张身故以后，受益人小小张可以拿回 1 000 万元本金作为身故赔偿金。因为老张资不抵债，债权人老赵将其告上法庭，法院要执行这份保单。显然保单一旦被执行，合同就会被解除，被保险人再也拿不到年金，受益人也不能在被保险人身故后拿到 1 000 万元。

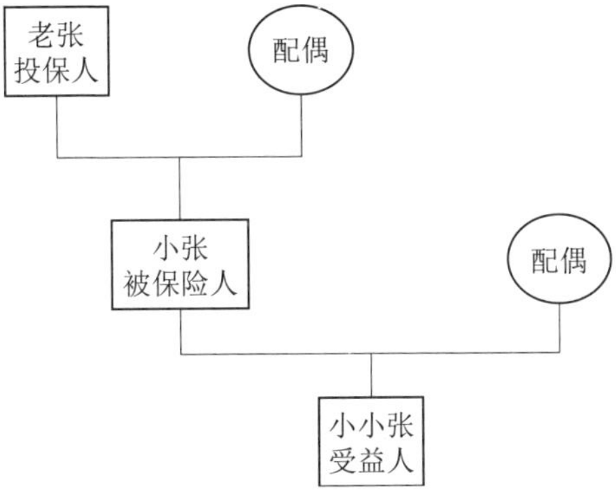

图 1–3　老张的保单架构

这里我们探讨一个问题：如果一次性拿出 200 万元现金，得到的对价是以后每年可以得到 35 万元人民币，每隔 5 年增加 10%，活多久拿多久，去世以后子女还可以得到总计 1 000 万元的赔付，那么这 200 万元你愿意出吗？你肯定很愿意对不对？毕竟这 200 万元用 6 年就拿回来了，之后都是赚的。

如果是在第十七条出台以前，这张保单肯定回天乏术了，被执行现金价值以后，合同就会解除。但是，第十七条给了被保险人介入权。《江苏省高级人民法院关于加强和规范被执行人所有的人身保险产品财产性权益执行的通知》[1]第五条（以下简称第五条）:“投保人为被执行人，且投保人与被保险人、受益人不一致的，人民法院扣划保险产品退保后可得财产利益时，应当通知被保险人、受益人。被保险人、受益人同意承受投保人的合同地位、维系保险合同的效力，并向人民法院缴付了相当于退保后保单现金价值的财产替代履行的，人民法院不得再执行保单的现金价值。”第五条是第十七条在司法实践中的具体应用，影响极大。目前全国大多数法院在执行人身保险保单的时候，如果发现投保人与被保险人不是同一人，就都会通知被保险人，询问其是否行使介入权。被保险人是否行使介入权，取决于保单的现金价值（介入成本）和生存金总和（受益所得），如果现金价值高，生存金相对较低，行使介入权就不划算，相反就划算。不过令人遗憾的是，各家保险公司在前几年畸形地追求市场规模，大量推出高现金价值、储蓄性极强的年金险。这样的产品在没有债务风险的时候可以相对兼顾流动性，若发生债务风险，面临被执行时，情况则会非常被动。如前面所说，一次性拿出200万元，大部分人都愿意，若同样的对价，需要一次性拿出900万元呢（有些年金保险缴费期满之后的现金价值几乎可以占到总保费金额的90%）？绝大多数人就

1 《江苏省高级人民法院关于加强和规范被执行人所有的人身保险产品财产性权益执行的通知》，江苏省高级人民法院，2018年7月9日发布。

不愿意了。因此，就算有了法律的支持，如何灵活选择产品，也是根据个人的不同需求而定的。

在《解释三》出台以前，人身保险方面的很多问题都没有得到集中解决。很多人认为买保险是为了“欠债不还”，这个逻辑非常荒谬。保险的一些财产性权益，比如现金价值、分红金、生存金，当然可以被执行，但是也有些财产性权益，比如赔款，就要从两个角度看。身故保险金在给到受益人后，如果受益人发生债务，那么可以被执行。但是重疾理赔金在给到被保险人后，就不能用于债务偿还。[1] 从传承方面来讲，必须写明身故保险金的身故受益人，受益人约定不明或没有约定的情况下，则按照遗产处理。那么，如果身故受益人写“法定”呢？很久以来，关于身故受益人写“法定”的情况是否属于遗产的问题一直没有明确规定，直到《解释三》明确规定受益人约定为“法定”或“法定继承人”的，以《中华人民共和国继承法》（以下简称《继承法》）规定的法定继承人为受益

1 （2017）辽 07 执复 20 号节选：现在异议人提出要求解封的 5 万元是其于 2016 年 6 月 16 日被诊断为“患膀胱恶性肿瘤”后，中国平安保险股份有限公司于 2016 年 11 月 4 日根据异议人的投保而给付的理赔款。虽然是商业险，但根据保监会有关险种的规定，重大疾病险是在人的身体出现保险合同约定的重大疾病时，给付被保险人或受益人保险金的险种。此险种具有较强的人身依附性，该保险金是对异议人治疗重大疾病的赔付，也是异议人所必需的生活治疗费用。而且就本案而言，5 万元对于没有工作又患有恶性肿瘤的异议人来讲，可以维系一定时间的生命，缓解治疗疾病所带来的经济拮据境况。但对于申请执行人来讲却是杯水车薪。为此，出于对生命价值的尊重，从生命权高于债权的角度及人道主义出发，本着和谐司法，为民司法的原则，对异议人的 5 万元赔付金不应予以强制执行。

人。也就是说，身故受益人如果写“法定”，就按照《继承法》规定的继承人顺序确定受益人，这里明确说明了“受益人”，既然有受益人，身故保险金就不属于遗产。[1] 这在立法上确定了身故保险金的“去遗产化”。千万不要小看这个细节，因为我国未来有无遗产税始终没有尘埃落定，但是身故保险金的法律性质一旦确定为非遗产，就不会进入遗产税的应纳税所得额。没有从法律上被清晰诠释安全性的人身保险产品，始终无法走到台前。《解释三》把人身保险中很多模棱两可的问题说得非常清楚，为未来的争议解决确立了法律依据，具有前瞻性。同时，也是人身保险发展成为未来人人必选、高密度覆盖社会

---

1 《中华人民共和国保险法》第四十二条　被保险人死亡后，有下列情形之一的，保险金作为被保险人的遗产，由保险人依照《中华人民共和国继承法》的规定履行给付保险金的义务：

（一）没有指定受益人，或者受益人指定不明无法确定的；

《最高人民法院关于适用〈中华人民共和国保险法〉若干问题的解释（三）》第九条　投保人指定受益人未经被保险人同意的，人民法院应认定指定行为无效。

当事人对保险合同约定的受益人存在争议，除投保人、被保险人在保险合同之外另有约定外，按照以下情形分别处理：

（一）受益人约定为“法定”或者“法定继承人”的，以继承法规定的法定继承人为受益人；

《中华人民共和国继承法》第十条　遗产按照下列顺序继承：第一顺序：配偶、子女、父母。第二顺序：兄弟姐妹、祖父母、外祖父母。继承开始后，由第一顺序继承人继承，第二顺序继承人不继承。没有第一顺序继承人继承的，由第二顺序继承人继承。本法所说的子女，包括婚生子女、非婚生子女、养子女和有扶养关系的继子女。本法所说的父母，包括生父母、养父母和有扶养关系的继父母。本法所说的兄弟姐妹，包括同父母的兄弟姐妹、同父异母或者同母异父的兄弟姐妹、养兄弟姐妹、有扶养关系的继兄弟姐妹。

的金融工具的第一根“定海神针”。

我们国家的储蓄率极高，普通人的投资理财通道很少。前几年流行的段子中说：“富豪死于信托，中产死于理财，‘屌丝’死于 P2P。”“靠运气赚来的钱，你也会‘靠实力赔掉’！”对于绝大多数中国人来说，买房子就是不错的投资选择，但房地产稳健快速增值的时期已经过去了，现在一线及新二线城市中有增值潜力的住宅几乎都有限购政策。这些年大家经历了几轮“割韭菜”之后，都变得很谨慎。最后一根救命稻草是“刚性兑付”[1]，但是很不巧，“傻瓜”式的刚性兑付被《关于规范金融机构资产管理业务的指导意见》（以下简称《资管新规》）[2]打破了。

经金融管理部门认定，存在以下行为的视为刚性兑付：

（一）资产管理产品的发行人或者管理人违反真实公允确定净值原则，对产品进行保本保收益。

（二）采取滚动发行等方式，使得资产管理产品的本金、收益、风险在不同投资者之间发生转移，实现产品保本保收益。

（三）资产管理产品不能如期兑付或者兑付困难时，发行

1 刚性兑付是指信托产品到期后，信托公司必须分配给投资者本金及收益。本书指的是“稳赚不亏”、绝对可以达到预期收益的各种理财产品。

2 为规范金融机构资产管理业务，统一同类资产管理产品监管标准，有效防控金融风险，更好地服务实体经济，经国务院同意，中国人民银行、中国银行保险监督管理委员会、中国证券监督管理委员会、国家外汇管理局于 2018 年 4 月 8 日联合印发了《关于规范金融机构资产管理业务的指导意见》（银发〔2018〕106 号，以下简称《意见》）。

或者管理该产品的金融机构自行筹集资金偿付或者委托其他机构代为偿付。

（四）金融管理部门认定的其他情形。

经认定存在刚性兑付行为的，区分以下两类机构进行惩处：

（一）存款类金融机构发生刚性兑付的，认定为利用具有存款本质特征的资产管理产品进行监管套利，由国务院银行保险监督管理机构和中国人民银行按照存款业务予以规范，足额补缴存款准备金和存款保险保费，并予以行政处罚。

（二）非存款类持牌金融机构发生刚性兑付的，认定为违规经营，由金融监督管理部门和中国人民银行依法纠正并予以处罚。

《资管新规》指出，任何单位和个人发现金融机构存在刚性兑付行为的，可以向金融管理部门举报，举报内容经查证属实且未被相关部门掌握的，将给予举报者适当奖励。外部审计机构在对金融机构进行审计时，如果发现金融机构存在刚性兑付行为的，应当及时报告金融管理部门。外部审计机构在审计过程中未能勤勉尽责，将依法追究其相应责任或依法依规给予其行政处罚，并将相关信息纳入全国信用信息共享平台，建立联合惩戒机制。

《资管新规》明确了刚性兑付的性质，也规定了惩罚措施，以法律监管的形式大力推动“卖者尽责，买者自付”投资环境的形成。对金融机构而言，刚性兑付意味着市场的波动仅影响机构自身的收益，亏损也由机构自身承担。《资管新规》之下，承诺保本或收益的理财产品将消失，理财机构将回归“受人之托，代人理财”的本业。通过净值化管理，人们都能清楚产品的风险情况，知道自己的收益空间，也将逐步形成“买者自负”的投资观念。

大多数中国人对于理财的认知，也就是为自己创造“睡后收入”[1]。这个逻辑如表 1-1 所示。多数人偏好方案一，方案一也更像我国老百姓的 A 股战绩（前 10%A 股玩家的战绩）。但是，大家仔细比较就会发现，按照初始资金为 100 万元计算，最后的收益总和结果是方案一比方案二少了 5.2 万元。但实际上，绝对不止 5.2 万元。因为选择了方案二，你只需要选定一个产品（前几年在市场上找到年化收益率 6% 的理财产品并不是什么难事），之后不用再操心，花时间等待即可。本来财富的积累就需要时间。如果选择方案一，你就得花大量的时间在上面。炒股的人都有一个特点，他们会在上班的时候看股市大盘，而这样会延长执行 1 万小时定律[2]专家养成计划所需

1 “睡后收入”，网络流行词，指被动收入，即不需要花费多少时间和精力照看，就可以自动获得的收入，它是实现财务自由、提前退休的必要前提。“睡后收入”不需要照看，但是不代表不劳而获，人们要想获得“被动收入”，往往需要长时间的劳动和积累。

2 1 万小时定律是作家格拉德威尔在《异类》一书中提出的定律。“人们眼中的天才之所以卓越非凡，并非他们天资超人，而是付出了持续不断的努力。1 万小时的锤炼是任何人从平凡人变成世界级大师的必要条件。”要成为某个领域的专家，需要 1 万小时，按比例计算就是，如果每天工作 8 小时，一星期工作 5 天，那么成为某个领域的专家至少需要 5 年。这就是 1 万小时定律。

的时间。当今绝大多数行业都已经被极致细分，如果要拿到本行业前 5% 的收入，那么大多数情况下，你的从业年限要达到 15 年以上，即从事本行工作 3 万个有效小时以上。除了极具天赋的年少成名者，普通人想要快速成功，就只有把一天掰成两天用。即使有再好的名师指路，自己也要付出大量时间。方案一的理财方式，真的不适合还没有拿到本行业前 10% 收入的人。

表 1-1　初始资金为 100 万元，10 年后，方案一的本金加收益总和为 173.8 万元，方案二为 179 万元

年数	1	2	3	4	5	6	7	8	9	10
方案一年化收益率（%）	30	20	–25	15	–20	40	25	–30	20	10
方案二年化收益率（%）	6	6	6	6	6	6	6	6	6	6

从事自己的专业才是稳赚不赔的，稳赚不赔的买卖还没有达到最佳状态，何苦花费大量时间追求方案一，消耗自己的时间成本呢？这个道理，很多人没有想通。方案二才是正确的选择，但是方案二的实现需要“刚性兑付”。《资管新规》的出台，对金融服务业造成了巨大影响，由于行业无法在短时间内做出调整，政府提出设置一个过渡期。起初，过渡期指自《资管新规》发布实施后至 2019 年 6 月 30 日，后来截止日期被延长到了 2020 年年底。2020 年年初，新冠肺炎疫情波及全国，业内已经有人发出再次延长过渡期截止日期的呼声。刚性

兑付的打破，对于不会选理财产品的人来说是一个巨大的考验，专业理财经理的地位将大幅提升。过渡期结束后，金融机构的资产管理产品按照《资管新规》将被全面规范（因子公司尚未成立而达不到第三方独立托管要求的情形除外），金融机构不得再发行或存续违反《资管新规》规定的资产管理产品。

《资管新规》出台之后，除了国债和定期存款这两个“无冕之王”，能够刚性兑付的产品就只有银行的结构性存款[1]、生存保险[2]以及券商的收益凭证[3]了。在这三个产品中，能够做到一次性规划、长期性受益的，只有生存保险中的年金保险。从对保险业的影响来看，在投资端，虽然《资管新规》降低了保险资产管理产品的投资门槛，但整体影响有限；在产品端，《资管新规》推动了保险产品定价利率的市场化。保险公

1 结构性存款，是指投资者将合法持有的人民币或外币资金存放在银行，由银行通过在普通存款的基础上嵌入金融衍生工具（包括但不限于远期、掉期、期权或期货等），将投资者收益与利率、汇率、股票价格、商品价格、信用、指数及其他金融类或非金融类标的物挂钩的具有一定风险的金融产品。由于有普通存款的配资占比，因此还是能够保本的，只是收益部分有浮动。

2 生存保险，是指以被保险人的生存为给付保险金条件的人寿保险。生存保险具有较强的储蓄功能，被保险人于保险期满或达到合同约定的年龄时仍然生存，保险人负责给付保险金。生存保险的主要类型除了一般的定期生存保险，如子女教育金保险、婚嫁金保险，还有年金保险。生存保险与死亡保险的不同之处在于，保险金的给付是以生存为条件的。

3 收益凭证，指证券公司以自身信用发行的，约定本金和收益的偿付与特定标的相关联的有价证券。特定标的包括但不限于货币利率、基础商品、证券价格及指数。收益凭证分为两种类型，一种是按照合同约定支付固定收益的“固定收益凭证”；另一种是按照合同约定支付与特定标的资产表现挂钩的浮动收益的“浮动收益凭证”。

司在设计产品时，需要参考市场利率水平、投资者期望利率水平、死亡率表、给付方式及公司经营情况等多种重要因素，依据审慎原则确定产品定价利率。特别是对于占比较高的储蓄型保险产品（即年金保险），定价利率对保险产品的价格影响颇大。

20 世纪 90 年代以来，虽然国家一直在通过监管的手段推动着保险定价利率市场化的进程，但是，由于银行理财产品长期保持刚性兑付的利率水平，市场真实利率未能得到充分反映。为了提供更具吸引力的保险产品，在资产管理市场占据更大的份额，保险公司纷纷采用了刚性兑付的方式。2016 年，万能险一度采用 7% 以上的高结算利率吸引投资者，这既增加了保险资金的负债成本，也提高了保险公司的经营风险。如今，就算因为疫情国家会适当延长过渡期，最迟在 2021 年，真正理财层面的刚性兑付也将消失。那个时候，年金保险的生存金凭借其刚性兑付、给付时限与生命等长以及可以做到所有权和受益权相分离等优势将会迅速成为大众的宠儿。在收益方面，保险公司设计出了同时满足 134 号文[1]和《资管新规》的双账户年金保险，利用增额终身寿险代替万能账户，在起到保障作用的同时，也提升了 IRR[2]。《资管新规》会极大地

1 《中国保监会关于规范人身保险公司产品开发设计行为的通知》保监人身险［2017］134 号，2017 年 5 月 11 日发布。

2 内部收益率（Internal Rate of Return），指资金流入现值总额与资金流出现值总额相等、净现值等于零时的折现率。

刺激老百姓的理财需求。可以预见，对于理财这件事，大家会投入更多的精力。就像过高的福利会降低人们的劳动积极性，过多的保护也会降低大家的理财积极性，使大家不愿意对自己的行为负责。《资管新规》出台后，刚性兑付的取消显然会刺激理财需求的上升，一段时间内，适应《资管新规》的理财经理供不应求，这将再一次提升理财经理的职业价值。《资管新规》让人身保险产品从政策层面更加完善。《资管新规》和产品设计齐头并进，是人身保险成为未来人人必选、高密度覆盖社会的金融工具的第二根“定海神针”。

按照惯例，每年年末都是各家人寿保险公司进行“开门红”销售的高峰时段。我在一次公开演讲中说过，其实我国的保险公司一直都没有真正做过“开门红”，都是“半开门红”。回想当年，为了加入 WTO（世界贸易组织），我国做了艰难的选择，在金融领域反复权衡之后，选择了银行和证券，把保险抛了出去。2001 年年末，中国保险行业迎来了来自 WTO 的挑战，“门”算是打开了，但是在制度层面上，中国政府留了一个“后手”，这个“后手”就是《中华人民共和国外资保险公司管理条例》[1]。这样看来，“门”只开了一半。此举带来

1 《中华人民共和国外资保险公司管理条例》（2001 年 12 月 12 日国务院令第 336 号公布　根据 2013 年 5 月 30 日国务院令第 636 号《国务院关于修改〈中华人民共和国外资保险公司管理条例〉的决定》第一次修订　根据 2016 年 2 月 6 日国务院令第 666 号《国务院关于修改部分行政法规的决定》第二次修订）第四十条　本条例自 2002 年 2 月 1 日起施行。

的结果是除了某些历史原因留存下来的公司（如友邦保险有限公司）[1]，其余的外资保险公司都将只能以中外合资形式设立，且外资占比无法超过 50%。[2] 这样就造成外资公司的一些理念和产品设计规则无法在我国全面实施的局面。2002—2020 年，外资保险公司没有在中国崛起，内资保险公司却快速发展，中国成为全球第二保险大国。中国保险行业成绩斐然，受到世界的瞩目。

2010 年，中国超越日本成为全球第二大经济体。虽然当时中国的人均 GDP 约为日本的 1/10，但是从总量和增长率上来看，中国已经在世界经济增长中处于核心位置了。在激活内需的同时，我们应该承担更多的带动全球经济发展的责任，进一步开放我国市场。在这样的大趋势下，2018 年 4 月，中国银行保险监督管理委员会宣布将外资人身险公司外方股比放宽至 51%，并于 3 年后不再设限。国家发改委、商务部联合发布的《外商投资准入特别管理措施（负面清单）（2018 年

1 友邦保险有限公司是最大的亚太地区独立上市人寿保险集团。该集团总部设在中国香港，第一大股东是摩根大通。该集团经营范围包括退休储蓄计划、人寿保险和意外及医疗保险等。该公司在亚太地区有 17 个市场营运点，包括在中国香港、泰国、新加坡、马来西亚、中国内地（大陆）、韩国、菲律宾、澳大利亚、印度尼西亚、中国台湾、越南、新西兰、中国澳门和文莱拥有全资的分公司及附属公司。

2 如中美联泰大都会人寿保险有限公司由美国大都会人寿保险公司和上海联合投资有限公司各持股 50%；中信保诚人寿保险有限公司由英国保诚集团和中国中信集团各持股 50%；中英人寿保险有限公司由英国英杰华集团和中国中粮资本投资有限公司各持股 50%。

版）》和《外商投资准入特别管理措施（负面清单）（2019 年版）》中明确提出（如表 1–2 所示）：“寿险公司的外资股比不超过 51%（2021 年取消外资股比限制）。”

表 1–2 《外商投资准入特别管理措施（负面清单）（2019 年版）》节选

八、金融业	
22	证券公司的外资股比不超过 51%，证券投资基金管理公司的外资股比不超过 51%。（2021 年取消外资股比限制）
23	期货公司的外资股比不超过 51%。（2021 年取消外资股比限制）
24	寿险公司的外资股比不超过 51%。（2021 年取消外资股比限制）

但是，中国政府依然认为速度还不够快（如图 1–4 所示），2019 年 7 月 2 日，李克强总理在达沃斯世界经济论坛开幕式

图 1–4　外资人身险公司外方股比开放历程

上发表特别致辞时表示，将原定的2021年取消外资人身险公司外方股比限制提前至2020年。2019年7月20日，国务院金融稳定发展委员会办公室在中国人民银行官网发布了《关于进一步扩大金融业对外开放的有关举措》[1]（以下简称《开放举措》），明确指出外资人身险公司外方股比限制从51%提高至100%的过渡期，由原定的2021年提前到2020年。另外，开篇还提到按照“宜快不宜慢，宜早不宜迟”的原则，推出11条金融对外开放措施。其中第3、4、6、7、8条直接和保

---

1 《关于进一步扩大金融业对外开放的有关举措》国务院金融稳定发展委员会办公室 2019年7月20日

为贯彻落实党中央、国务院关于进一步扩大对外开放的决策部署，按照“宜快不宜慢、宜早不宜迟”的原则，在深入研究评估的基础上，推出以下11条金融业对外开放措施：

1. 允许外资机构在华开展信用评级业务时，可以对银行间债券市场和交易所债券市场的所有种类债券评级。

2. 鼓励境外金融机构参与设立、投资入股商业银行理财子公司。

3. 允许境外资产管理机构与中资银行或保险公司的子公司合资设立由外方控股的理财公司。

4. 允许境外金融机构投资设立、参股养老金管理公司。

5. 支持外资全资设立或参股货币经纪公司。

6. 人身险外资股比限制从51%提高至100%的过渡期，由原定的2021年提前到2020年。

7. 取消境内保险公司合计持有保险资产管理公司的股份不得低于75%的规定，允许境外投资者持有股份超过25%。

8. 放宽外资保险公司准入条件，取消30年经营年限要求。

9. 将原定于2021年取消证券公司、基金管理公司和期货公司外资股比限制的时点提前到2020年。

10. 允许外资机构获得银行间债券市场A类主承销牌照。

11. 进一步便利境外机构投资者投资银行间债券市场。

险业相关。提前取消外资人身险公司外方股比限制有利于更快地引进境外先进的人身险产品和境外机构及相关企业的优质经营理念，也有助于外资人身险公司开拓境内市场，从而使境内现有的人身险机构和产品变得更加多元化，为境内保险市场注入新的活力，进一步提升中国保险业的开放水平。《开放举措》还取消了有关境内保险公司合计持有保险资产管理公司的股份不得低于75%的规定，允许境外投资者持有股份超过25%。[1] 截至2019年1月底，我国已有24家综合性保险资产管理公司。2019年5月16日，工银安盛资产管理有限公司在上海正式开业，这是我国加快保险业对外开放以来获得批准成立的第一家合资保险资管公司。工银安盛资产管理有限公司是工银安盛人寿保险有限公司（简称“工银安盛人寿”）全资设立的子公司，而工银安盛人寿是由中国工商银行、法国安盛集团和中国五矿集团合资成立的，其中中国工商银行和中国五矿集团合计持股72.5%，已低于75%的原有要求。法国安盛集团为全球著名的保险集团，也是全球第三大国际资产管理集团，主要业务范围涵盖寿险与储蓄、财产与意外保险、国际保险、资产管理和银行业。资产管理公司股权规定的变化增强了外资公司的投资力度，也提升了资产管理公司的投资积极性。根据

1 《保险资产管理公司管理暂行规定》 保监会令［2004］2号

第九条　境内保险公司合计持有保险资产管理公司的股份不得低于75%。

前款所称境内保险公司，是指经中国保监会批准设立，并依法登记注册的具有法人资格的保险公司、保险控股（集团）公司。

规定，保险公司为各分红保险账户确定每一年度可分配盈余时，分配给保单持有人的比例不低于可分配盈余的70%。[1]前文提到生存金是绝对可以刚性兑付的，而保单分红无论在哪家保险公司都是不确定的（这个会明确写在保险合同中并要求投保人抄写确认）。分红跟保险公司的盈利能力有关，保险公司的盈利能力又受到资产管理公司投资收益的影响。因此中国保险业的开放长期来看对保单持有人的分红收益是有促进作用的，尤其是在低利率时代。

《开放举措》取消了《中华人民共和国外资保险公司管理条例》中的外资保险公司的30年经营年限要求，放宽了准

1 2015年9月25日，中国保监会以保监发［2015］93号印发《分红保险精算规定》。该《规定》分总则、保险金额、保险费、保单最低现金价值、账户管理和盈余分配、责任准备金六部分。第一部分　总则　一、本规定所称分红保险，是指保险公司将其实际经营成果产生的盈余，按一定比例向保单持有人进行分配的人身保险产品。二、本规定适用于个人分红保险和团体分红保险。三、分红保险可以采取终身寿险、两全保险或年金保险的形式。保险公司不得将其他产品形式设计为分红保险。……十六、保险公司为各分红保险账户确定每--年度的可分配盈余时应当遵循普遍接受的精算原理，并符合可支撑性、可持续性原则，其中分配给保单持有人的比例不低于可分配盈余的70%。

入条件[1]，在推动外资保险公司进入中国保险市场方面发挥了积极作用。在准入条件放宽的情况下，一些经营状况良好、经营理念先进，但经营年限不满 30 年的外资保险公司也有机会进入中国保险市场，这有利于促进中国保险市场的成熟发展和对外开放。

最迟 2021 年，我国保险行业将正式进入“开门红”阶段。《开放举措》的实施会让我国的保险市场充满活力，“八仙过海，各显神通”的结果就是能够真正地给老百姓提供实惠。保险公司拼产品、拼分红、拼品牌、拼服务，让人身保险产品彻底与国际接轨，让人们有更多的选择。这也会从产品层面极大地促进经代公司和互联网销售渠道的发展，从而形成代理人、经代公司、银行理财经理三大群体加互联网的模式。《开放举措》从产品的先进性和资产管理的国际化方面共同发力，是人身保险成为未来人人必选、高密度覆盖社会的金融工具的第三根“定海神针”。

---

1 《中华人民共和国外资保险公司管理条例》（2016）

第八条　申请设立外资保险公司的外国保险公司，应当具备下列条件：

（一）经营保险业务 30 年以上；

（二）在中国境内已经设立代表机构 2 年以上；

（三）提出设立申请前 1 年年末总资产不少于 50 亿美元；

（四）所在国家或者地区有完善的保险监管制度，并且该外国保险公司已经受到所在国家或者地区有关主管当局的有效监管；

（五）符合所在国家或者地区偿付能力标准；

（六）所在国家或者地区有关主管当局同意其申请；

（七）中国保监会规定的其他审慎性条件。

《解释三》着力于人身保险的安全性层面,《关于规范金融机构资产管理业务的指导意见》着力于资产管理和兑付层面,《开放举措》着力于产品开放层面，三者共同为人身保险在中国的“起飞”搭建了一个坚实的平台。人身保险也将在国人财富的管理方面发挥越来越大的作用。目前我国保险市场的规模位居世界第二，这三个顶层建筑为我国保险市场规模未来跃居世界第一打下了基础。对于大家来说，当下也是时候该认真审视保险的作用，并为自己选择合适的保险产品了。当所有规则都变得清晰的时候，未来就是可预见的。

第二章

健康险：家人健康的保护伞[1]

1 《健康保险管理办法》第二条　本办法所称健康保险，是指由保险公司对被保险人因健康原因或者医疗行为的发生给付保险金的保险，主要包括医疗保险、疾病保险、失能收入损失保险、护理保险以及医疗意外保险等。

| 第一节 |

普通中产家庭可能扛不住一场流感?

《流感下的北京中年》[1]是李可创作的一篇微信长文。文中，作者的岳父从患上小小的感冒，到感染未知的流感病毒，到发展成肺炎，最终还是没逃过与家人阴阳两隔的结局。这篇文章我反复看了很多遍，感触很深。一个普通的北京中产家庭，有车有房，却扛不住流感。我们先剖析一下原因，再来找找解决方案。

1 监测数据显示，2017 年冬天，中国已知的流感病例数量高于过去 3 年同期水平。《流感下的北京中年》一文的作者是一位生活在北京的中年男子，他将岳父从患上流感到去世的过程记录下来。在一场流感面前，这个北京的中产阶层家庭似乎一夜回到了“解放前”。这篇文章令人唏嘘，在医疗技术如此发达的当今社会，竟然会有人因为一场感冒而失去生命。令人咋舌的医疗费用，以及现阶段我国医保制度的作用等话题也成了该文流行以后大家茶余饭后的谈论焦点。《流感下的北京中年》一文在网络上可以搜索到，本书不再引用原文。

先谈谈中国的社会医疗保险（简称“医保”）。社会医疗保险是国家和社会根据法律法规，为向保障范围内的劳动者提供患病时的基本医疗需求保障而建立的社会保险制度。2016 年 1 月 12 日，国务院印发《关于整合城乡居民基本医疗保险制度的意见》，要求推进城镇居民医疗保险和新型农村合作医疗制度整合，逐步在全国范围内建立起统一的城乡居民医疗保险制度。医疗保险也是“五险一金”中的“一险”。

基本医疗保险费由单位和职工个人按保险缴费基数共同缴纳，职工自到达法定退休年龄的次月起，个人不再缴纳基本医疗保险费（具体以当地政策规定为准）。个人缴纳的医疗保险费，全部记入个人账户。单位缴纳的医疗保险费，一部分按职工年龄以不同比例划入个人账户，其余部分作为医疗保险统筹基金。个人医疗保险账户的资金由两部分组成，一部分是职工本人缴纳的，另一部分是从单位缴费中划入的。从单位缴费中划入的部分，按照如下标准执行：45 周岁以下（含 45 周岁）的职工，按本人工资额的 1% 划入；45 周岁以上的职工，按本人工资额的 1.5% 划入；退休人员，按本人养老金的 4.2% 划入。起付标准（门槛）以上、最高支付限额以下的住院医疗费用，按照分档计算累加负担的办法，由统筹基金和职工个人按不同比例分摊（如表 2–1 所示）。医保可报销金额详见表 2–2，医保报销前提详见表 2–3，参保人可报销的药品范围参见表 2–4。

表 2-1　住院医疗费用统筹基金支付比例（单位：%）

起付线（以当地具体标准为准）	一级医院 200 元		二级医院 300 元		三级医院 400 元	
统筹金支付比例	在职	退休	在职	退休	在职	退休
5 000 元以下	87	92	83	88	80	85
5 001~15 000 元	90	95	87	92	85	90
15 000 元以上	90	95	90	95	90	95
大额	90	90	90	90	90	90

表 2-2　医保可报销金额

个人现金支付金额	患者需要自己负担的金额
统筹基金支付金额	统筹基金支付的费用总额 包括门诊大额支付、退休补充保险支付等
起付线	起付标准以下费用（医保局根据不同的参保人员类别及医院等级类别设定相应起付标准）
医保范围内金额	本次医疗费用中属于医保报销范围内的金额
累计医保范围内金额	截至本次费用结算时，本年度纳入医保报销范围内的医疗费用总额
年度门诊大额基金累计支付	截至本次费用结算时，本年度医保为参保人门诊累计支付费用的总额
年度门诊大额余额	截至本次费用结算时，本年度医保还能为参保人支付的金额
个人支付、自费金额	指患者需要负担的金额，由自付一、自付二、自费金额组成
【备注】 自付一：指能纳入医保报销范围的医疗费用中需要患者支付的金额。包括起付金额和超过起付金额后需要患者自付的金额。 自付二：指标注为“有自付”的药品、检查中需要患者自己支付的费用总和。假设一瓶价格为 100 元的药品属于有自付药品，如果自费的比例为 10%，则自己要承担 10 元。 自费：指标注为“全自付”的药品、检查费用总额，需要患者自己支付。	

表 2-3 医保报销前提

1. 去定点医院	参保人员必须到基本医疗保险的定点医疗机构就医
2. 符合三个目录	使用“药品目录”“诊疗项目目录”“医疗服务设施”范围内规定的药品、诊疗项目和设施，且符合限定支付范围规定
3. 急诊情况	如发生急诊，本地或异地的定点医院均可以报销

表 2-4 参保人可报销的药品范围

可以纳入报销范围的药品	管理方式	说明
基础条件：临床必需、安全有效、价格合理、使用方便、市场能够保证供应的药品，并且符合下列条件之一：（一）《中华人民共和国药典》（现行版）收载的药品；（二）符合国家药品监督管理部门颁发标准的药品；（三）国家药品监督管理部门批准正式进口的药品。	《国家基本医疗保险、工伤保险和生育保险药品目录》(简称《药品目录》)	国家《药品目录》原则上每两年调整一次，各省、自治区、直辖市《药品目录》随之进行相应调整，国家《药品目录》的新药增补工作每年进行一次，各地不得自行进行新药增补。增补进入国家“乙类目录”的药品，各省、自治区、直辖市可根据实际情况，确定是否进入当地的“乙类目录”。
不能纳入报销范围的药品：（一）主要起营养滋补作用的药品；（二）部分可以入药的动物及动物脏器，干（水）果类；（三）用中药材和中药饮片泡制的各类酒制剂；（四）各类药品中的果味制剂、口服泡腾剂；（五）血液制品、蛋白类制品（特殊适应与急救、抢救除外）；（六）劳动保障部规定基本医疗保险基金不予支付的其他药品。		

除了城镇居民医保，农村地区广泛覆盖的是新型农村合

作医疗（简称“新农合”），指由政府组织、引导、支持，农民自愿参加，个人、集体和政府多方筹资，以大病统筹为主的农民医疗互助共济制度，采取个人缴费、集体扶持和政府资助的方式筹集资金。社会保险（简称社保）包含养老保险、医疗保险、失业保险、生育保险和工伤保险，也就是我们常说的“五险”，是企业为员工提供的保障性待遇和福利，也是国家强制要求企业购买的。新农合现在已经和城镇居民医疗保险合并，统称为城乡居民医疗保险。简单地说，社保包含五种保险，而新农合只是医疗保险。新农合和社保有五大区别：1. 缴费标准不同。社保因为包含“五险”，缴费金额比新农合高很多。新农合的缴费金额在每年 200 元左右，社保最低也要每年 1 000 元以上，而且工资越高，缴费金额越高。2. 报销比例不同。社保中的医保，包括住院医疗费用、生育补助以及普通门诊等统筹医疗费用的报销。新农合根据就诊的医疗机构不同，报销比例是不同的。如果在乡镇医院治疗，那么新农合的报销比例较高；如果在市级以上医院治疗，那么社保的报销比例较高。两者都是随着医院级别的升高，报销比例降低。例如，社保的医保报销比例一般为 70%~85%，新农合为 50%~70%。3. 使用范围不同。社保中的医保，可以用于门诊挂号、看病就医、购药、住院治疗等费用的报销。新农合目前在大多数城市只能报销住院费用，在少部分城市也可以报销门诊费用。4. 参保范围不同。只要有正式工作或在城镇居住，就可以参加社保，但只有持有农村户口，才可以办理新农合。5. 参保年限不同。社保每月一缴，断缴次月起医疗费用无法报销。累计参保满 15 年，退休后可每月领取养老金。一般来说，男性参保满 25 年，女性参保满 20 年的情况下，参保人退休后仍然可以享受医疗费用报销待遇。新农合一年一缴。持有农村户口，可以同时参加社保和新农合。但是两者存在冲突，不能双重报销。

社保医保报销范围简单总结如图 2–1 所示。

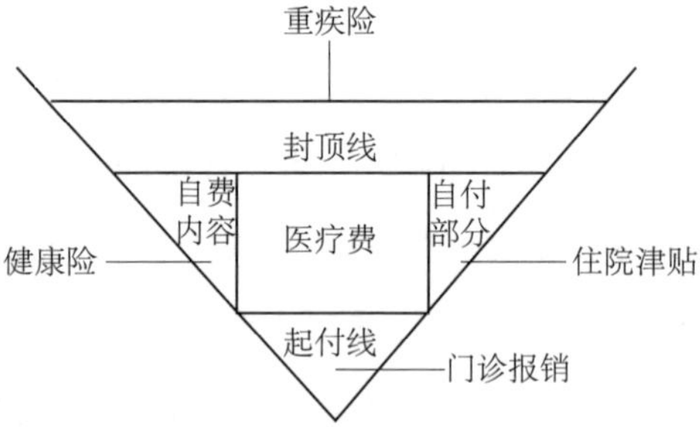

图 2–1　社保医保报销范围

为什么有了医保还需要购买健康医疗险？很多读者认为，医保能报销医疗费用的 90%，甚至更多，就算剩余的部分自己付也不需要补太多，能承受得起。然而情况并不完全如此。简单来说，医保即使可以报销 90% 以上，那也要除去门槛费、医疗器械费、自费药这些部分才能按照比例赔付，一些省市还有年最高保险理赔额的限制。一般的住院治疗或者小手术，如阑尾炎手术，用到的药物大部分是社保覆盖范围内的，自费额度不高。但是如果医疗费用中有一些费用是社保没有覆盖的，情况就完全不一样了。本书举两个直观的例子进行说明。医保是基础的国家保障，人人都要有，但它的作用有限。以北京市职工医保为例，门诊：起付线是 1 800 元 / 年，最高报销额度是 2 万元；住院：第一次住院起付线是 1 300 元，后续每次为 650 元，最高报销额度是 30 万元（如图 2–2 所示）。

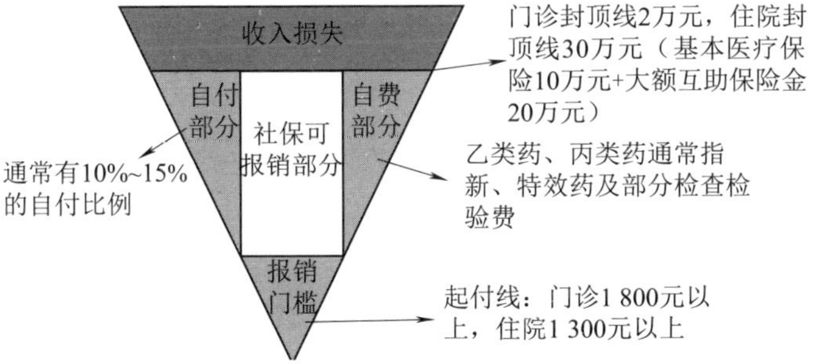

图 2–2　为什么有了社保医保还需要健康医疗险

医保是用于“满足患病时的基本医疗需求”的，既然是基本需求，诊疗和服务设施必须在规定的“药品、服务设施、诊疗”目录内才能报销。药品方面，乙类药、丙类药、特效药、未列入医保的靶向药[1]等均属自费。自付比例根据医院的

1　有一部分重大疾病无法完全康复，患者需要长期吃药，而药的价格非常昂贵。电影《我不是药神》就讲述了这样的故事。这部电影上映一个月内收获了 30 亿元的票房，获得了各种奖项，说明百姓对这类事件的关注度很高。

等级不同而有所不同（如表 2–5 所示）。

表 2–5 自付比例，以北京为例

医院等级		一级医院	二级医院	三级医院
门诊	起付线	1 800 元 / 年		
	报销比例（%）	90		70
住院起付线		1 300 元 / 年		
住院费用报销比例（%）	起付线～3 万元	90	87	85
	3 万～4 万元	95	92	90
	4 万～10 万元	97	97	95
	10 万～30 万元	85		

假设王先生在北京某三甲医院治疗期间一共花了 35 万元，其中有 30% 的自付费用（含护理费、床位费用等），9 万元的进口药品、进口医疗器械费用。按照北京市医保报销比例，起付线是 1 300 元，最高限额是 30 万元。可报销部分为 30 万元 –0.13 万元 –35 万元 ×30%–9 万元 =10.37 万元。这 10.37 万元中实际可报销的费用如下：起付线到 3 万元的部分，即 3 万元 ×85%=2.55 万元；3 万元到 4 万元的部分，即 1 万元 ×90%=0.9 万元；4 万元到 10 万元的部分，即 6 万元 ×95%=5.7 万元；10 万元到 30 万元的部分，即 0.37 万元 ×85%=0.314 5 万元。总之，王先生一共只能报销 9.464 5 万元，即 94 645 元，还需要自付 25 万多元。

某公司内勤A先生[1]于2019年5月参加公司体检，被发现有心房颤动症状[2]，7月医院确诊，11月于四川大学华西医院进行手术，11月25日提交医保理赔。A先生共计花费9.4万元，其中手术费用仅2 000元。在这些费用中，40 763元由健康医疗险报销，其余由社保报销。健康医疗险保费为587元/年。

下有门槛，上有封顶，中间除去自费和自付部分，剩下的按比例报销，这就是构成我国全民医疗基础的医保制度。朱镕基同志在十五大中针对社保医保发表讲话时曾说道："基本医疗保障只能是低水平的'保'而不'包'，'保'即有一个基本的保障，超出部分主要应通过商业保险解决。"

我国健康医疗险的发展大致分为三个阶段。第一阶段，以重大疾病保险（简称重疾险）或意外险的附加险的形式存在，以住院津贴和医疗补贴为主。这个阶段的健康医疗险尚不能单独购买，需要搭配一份主险（实务中大多数代理人选择一年期意外险作为主险）。第二阶段，以独立主险的形式销售，

1 A先生的案例是作者在写作过程中先征集后采选，亲自尽职调查核实的案例。
四川大学华西医院患者费用清单 0015891XXX
就诊编号：00001911138781XXX
结算编号：00001911169436XXX
特殊材料费用为58 098元

2 心房颤动（简称房颤），是最常见的持续性心律失常。随着年龄增长，房颤的发生率不断增加，75岁以上人群可达10%。房颤时心房激动的频率达300~600次/分，心跳频率往往快且不规则，有时候可达100~160次/分，房颤患者不仅比正常人心跳快得多且不规则，而且节律不整齐，心房失去有效的收缩功能。房颤还与冠心病、高血压病和心力衰竭等疾病有密切关系。

覆盖范围比较全面，包括特药（指特殊疾病需要长期服用的特效药，目前某些公司已经推出一年几十块钱的特效药保险，比如保险责任中约定罹患甲病必须吃一种很贵的A药品，那么A药品的费用在被保险人确诊了甲病以后就由保险公司全额报销）、特医（指特殊疾病需要的特殊医疗资源）、特病（一般是指恶性肿瘤，此次新冠肺炎疫情期间，各大保险公司免费为客户进行医疗险升级，把新型冠状病毒肺炎也加了进去，这是各大保险公司在疫情期间主动承担社会责任的体现）。第三阶段，从现金流管理入手，开通直付功能，在充分发挥医疗险作用的同时，为客户缓解就医资源紧缺及垫付巨额资金的压力。

不管你有没有购买保险，其实你都已经“投保”了，不同的是，买了保险的人在发生风险的时候由保险公司买单，没有买保险的人是由自己买单。风险来临的时候，有保险，家人是你的受益人；没有保险，家人是你的“受害人”。初级健康医疗险能够转移住院治疗费用医保覆盖盲点的风险，高级健康医疗险可以辅助承担重大疾病开支，顶级健康医疗险可以提供医疗资源选择并垫付疾病治疗开支。医疗开支和衣食住行的开支是不一样的，后四者丰俭由人，医疗费用却是人命关天，到时到点就得拿出来。从财富管理的角度来说，有资产不代表有现金，现金流充足也不代表特殊事件发生时可以立即拿出一定数额的现金，这就是《流感下的北京中年》一文患上流感就要卖房子的原因。有房子的人，尤其是在北京有房的人，当然不是穷人，但是在北京有房不代表需要使用 ECMO[1] 的时候就有现金支付开机费用。低利率时代，普通百姓不会把大量现金留在手里，最普遍的做法是去银行买定期理财产品。但医院是不会等你的理财产品到期以后才向你要治疗费用的。

明白了健康医疗险的几个作用，接下来我们看看如何选择（如表 2–6 所示）。

表 2–6 几种主流的健康医疗险产品

产品类型	A 类	B 类	C 类
年保险理赔额	50 万元	406 万元组合（200 万元一般医疗费用 + 200 万元恶性肿瘤医疗费用 + 6 万元住院津贴）	300 万元
年免赔额	无	1 万元（一般疾病有 1 万元免赔额，恶性肿瘤无免赔额）	无
报销比例	医保报销过的剩余部分的 100%，或总费用的 80%	医保报销过的剩余部分的 100%，或总费用的 60%	
续保	投保人退保、产品统一停售，或理赔后经公司评估可能拒绝续保	公司不会因为客户理赔过而拒绝续保；除非产品统一停售且没有新产品进行升级替换导致不能续保	公司不会因为客户理赔过而拒绝续保，也不会针对个人而调价；除非这款产品针对全部客户统一调价并提前通知

1 体外膜肺氧合（Extracorporeal Membrane Oxygenation，ECMO），俗称“叶克膜”“人工肺”，是一种医疗急救技术设备，主要为重症心肺功能衰竭患者提供持续的体外呼吸与循环，以维持患者生命。ECMO 并未在全国统一纳入医保，开机费用一般是 5 万元以上，维持费用平均 3 000 元 / 天。本次新冠肺炎疫情期间，ECMO 技术挽救了很多患者的生命。

续表

产品类型	A类	B类	C类
医院等级	国内二级甲等公立医院	国内二级甲等公立医院	中国有合法经营牌照的医院（包含公立医院和私立医院）
保费（以30周岁男性为例）	X 元/年	Y 元/年	Z 元/年
报销费用	先垫付后报销	先垫付后报销	直付，无须垫付

我选取目前各家保险公司主流的健康医疗险产品为读者说明。首先向大家提出一个问题，各位读者认为表格中 X、Y、Z 三个字母代表的金额大小如何？[1] 没有免赔额（即报销门槛）的健康医疗险一般比有免赔额的贵。大病虽然损失巨大，但是比起一般的住院疾病，患病概率还是要低很多，如果没有报销门槛，就意味着一般的住院费也可以报销。保险公司在设计险种的时候是有考虑的，这是第一个需要注意的点。关于报销比例，各家保险公司几乎都会先看你有没有社保（表2–6假设被保险人有社保）。如果有，那么社保报销一次之后，没有报销的部分大多数为100%报销（住院护理费和床位费采取定额补贴形式），至于报销金额上限，要看年保险理赔额，这是第二个需要注意的点。有过理赔经历的人，都对

1 X 为855元，Y 为305元，Z 为6 190元，保费一年一缴，被保险人年龄越大，保费越高。

“一生中至少有两次会从心底感到恐惧，一次是发现不能买保险了，另一次是发现保险没有买够”这句话的意义有深切体会。当身体不好的时候，人们都不希望保险公司抛弃自己，那么能否续保就很重要了。从法律角度讲，一份契约履行完毕以后，除非另有法律法规规定或者双方约定，合同双方没有义务必须按照契约原条件续约。健康医疗险一年缴费一次，保障期限也是1年，属于短期健康保险。根据规定[1]，短期健康保险是不含有保证续保条款的健康保险。[2]由于在实务中，新修订的《健康保险管理办法》并未强制要求保险公司“短期健康保险不得续保”，它只规定“不得含有保证续保的条款”，因此各

1 《健康保险管理办法》 发文字号 中国银行保险监督管理委员会令 2019 年第 3 号 实施日期 2019 年 12 月 1 日

第四条：健康保险按照保险期限分为长期健康保险和短期健康保险。长期健康保险，是指保险期间超过一年或者保险期间虽不超过一年但含有保证续保条款的健康保险。长期护理保险保险期间不得低于 5 年。短期健康保险，是指保险期间为一年以及一年以下且不含有保证续保条款的健康保险。保证续保条款，是指在前一保险期间届满前，投保人提出续保申请，保险公司必须按照原条款和约定费率继续承保的合同约定。

2 理赔风险：保证续保医疗险的定价要考虑不同年龄的人的理赔成本，同时也要考虑随着时间的推移，原来健康的人健康情况变糟糕而带来的额外理赔成本。医疗通胀风险：如人均住院费用支出年年创新高，越是优质医院涨得越快。从 2005 年到 2014 年，我国人均医疗卫生费用支出年平均复合增长率达到 16.32%，远超同期 GDP 的增长率。再往远点儿看，医疗水平及医疗费用充满不确定性。某种医疗手段、某个新药的出现，或许真的可以让患者“拿钱续命”。医疗险的逆选择风险和骗赔风险都不容忽视。政策风险：现在的商业医疗保险都是和社保医保挂钩的。医疗险给出终生保证续保的承诺并锁定费率，对于商业保险公司来说不公平。若保险公司采取保守的定价策略，那么这个价格也一定不会被客户接受。

家公司为提升产品的竞争力，用了很多“软方法”帮助客户，下面选择一款市场上的B类产品的条款作为案例供读者体会。[1] 这个条款是：“若我们未收到您停止续保本合同的书面申请，我们将为您自动办理相关续保手续，新续保的合同自本合同期满日零时起生效，保险期间为1年。每次续保，均按前述规则执行。续保时，我们有权根据被保险人的年龄、医疗费用水平变化、本合同整体经营状况调整被保险人在续保时的续保保险费。如果被保险人的年龄超过100周岁或本产品统一停售，我们将不再接受续保。我们不会因为某一被保险人的健康状况

1 第三部分 如何支付保险费 第十一条 保险费的支付

本合同保险费的交费方式和交费期限由您和我们约定，并在保险单或批注上列明。本合同的首年保险费以被保险人投保时的年龄为基础，按首年费率计算。续保保险费以续保时被保险人的年龄为基础，按续保费率计算，并按本合同约定在每个保险费约定支付日支付当期应支付的保险费。

第十二条 续保

在本合同期满日前，若我们未收到您停止续保本合同的书面申请，我们将为您自动办理相关续保手续，新续保的合同自本合同期满日零时起生效，保险期间为1年。每次续保，均按前述规则执行。续保时，我们有权根据被保险人的年龄、医疗费用水平变化、本合同整体经营状况调整被保险人在续保时的续保保险费。续保保险费的调整适用于本合同的所有被保险人，或同一投保年龄段、同一投保区域等某一类人群的被保险人，我们不会因为某一被保险人的健康状况变化或历史理赔情况而单独调整该被保险人的续保保险费。如果我们认为需要调整续保保险费，将在本合同期满日前以书面形式通知您，在您接受费率调整的前提下，我们方可为您办理续保手续。

如果被保险人的年龄超过100周岁或本产品统一停售，我们将不再接受续保。

新续保的合同自本合同期满日零时起60日为交费宽限期。在宽限期内发生保险事故，我们仍承担保险责任，但我们有权从给付的保险金中扣除欠交的保险费。如果宽限期后，您仍未支付保险费，自本合同期满日零时起，本合同终止。

变化或历史理赔情况而单独调整该被保险人的续保保险费。”其实保险公司是在很委婉地告诉你：公司会根据实际情况加费，但是不会因为被保险人患病拒绝续保或者加费，产品停售或者被保险人年满 100 岁的情况除外。这是第三个需要注意的点。

由于第三个问题的重要性，我再选取一个 B 类产品的案例[1]为读者说明。以下是我在写作过程中先征集后采选，亲自尽职调查核实的案例。某客户因胃底腺癌多次手术，并反复入院进行放化疗治疗，截至我写作本书时共获得理赔 22 次，理赔金额为 220 965 元，保单号为 ××××××××8446008，续保后保单号未变。

理赔时间及理赔金额：

第 1 次到第 7 次理赔的产品名称为“太平超 E 保医疗保险”。

1. 2018/10/26　　24 048 元

2. 2018/11/05　　3 703 元

3. 2018/11/06　　3 999 元

4. 2018/11/08　　6 510 元

1　经过与保险代理人谢女士的充分沟通，谢女士同意我将她经手的理赔案例在本书中作为案例演示使用。
案例来源：中国太平保险股份有限责任公司四川分公司成都高新支公司
谢 静　代理人编号：05097407112

5. 2018/11/14　　5 260 元

6. 2018/11/19　　2 436 元

7. 2018/12/11　　24 406 元

第 8 次到第 22 次理赔的产品名称为“太平超 E 保 2018 医疗保险”（保单号未变）。

8. 2018/12/18　　8 250 元

9. 2019/03/14　　3 433 元

10. 2019/03/21　　5 032 元

11. 2019/03/27　　43 780 元（此次客户做了胃全切除术，整整住院 30 天，保险公司按每天 300 元的补贴标准进行赔付，共赔付 9 000 元）

12. 2019/04/23　　13 715 元

13. 2019/04/28　　9 173 元

14. 2019/06/14　　7 085 元

15. 2019/06/17　　4 608 元

16. 2019/09/03　　3 836 元

17. 2019/09/10　　5 329 元

18. 2019/09/18　　11 195 元

19. 2019/10/22　　12 552 元

在第 19 次理赔的两天后，客户于 2019 年 10 月 24 日无条件续保（注意，客户成功续保）。

20. 2019/10/28　　　　10 103 元

21. 2019/11/26　　　　2 702 元

22. 2019/11/29　　　　9 810 元

这位客户的社保所在地是四川广安，就诊医院为四川省肿瘤医院，属于异地就医。发现身体不舒服后，客户直接去四川省肿瘤医院检查，后被确诊为患有胃底腺癌（属于恶性肿瘤范畴）。此前此人从未在任何综合性医院有相关就医记录。申请理赔时，保险公司下了调查件（调查件为保险公司防止客户带病投保，对客户进行的合规调查）。简单地说，合计 22 万多元的医疗费用，客户本人只花了 2 937 元的保费（第一年 1 418 元，第二年 1 519 元），并且成功续保。

我国每 1 000 人中有 2.94 位护士，医护人员数量超过中等收入国家的平均水平[1]，但是，我国的医疗资源主要集中在大中型城市，分布不均匀。“北协和、东齐鲁、南湘雅、西华

1　2019 年 9 月 26 日下午，庆祝中华人民共和国成立 70 周年活动第二场新闻发布会召开。新中国成立 70 年来，党和政府高度重视医疗卫生事业，始终坚持以人民为中心的发展思想，构建基本医疗卫生制度。国家卫生健康委员会主任马晓伟在会上表示，我国医疗卫生网络不断健全，服务的可及性显著提高。我们国家建立了覆盖城市（省、市、县）、农村（县、乡、村）的医疗预防保健三级网，使全体人民享有基本医疗保健成为可能。社会办医速度也在加快发展，2018 年，民营医院床位在全国总床位占比超过 26%，全国医疗卫生机构的总数超过 99 万个，床位达到 840 万张，卫生健康系统人员总数达到 1 231 万人，每千人口医生数达到 2.59 人，每千人口护士数达到 2.94 人，超过中等收入国家的平均水平。

西”，这些顶级医疗资源不是每个人都能享受到的。社保要求必须去定点医院就医才可以享受报销待遇，虽然我国目前正在改革，但还没有完善的跨区域医疗服务系统，而健康医疗险没有这样的限制，在二甲及以上医院就诊几乎都可以报销。就挂号来说，按照就医的一般程序，四川大学华西医院的一个专家号平均预约周期为 14 天。C 类的健康医疗险将就诊范围扩展到全中国，甚至亚洲、全球，一般还设有“绿通”，并包含私立医院。这两项大家需要注意，“绿通”是指绿色就医通道，对于购买 C 类产品的客户，保险公司一般会调集自己的资源，为其寻找合同约定范围内最好的医生和医院。私立医院在有些疾病的治疗及康复疗养方面甚至比公立医院做得还要好，管家式的服务也能让客户更满意。保险覆盖的医院范围和类型是第四个需要关注的点，也是中产及以上阶层更为看重的问题。

第五个问题是直付和非直付的区别。《流感下的北京中年》的作者为何感叹治疗费用贵？不是因为没钱，而是因为他在那个时间点拿不出足够的现金。如果购买了 C 类产品，就不存在这个问题了。直付型健康医疗险合同约定（基本上全国的直付型健康医疗险合同中都有这个条款），只要在住院开始 48 小时内向保险公司报案，钱的方面你就不用操心了，连护理费都可以凭借发票报销，而且全部由保险公司垫付。唯一的限制就是每年会有一个额度上限，从几百万元到上千万元不等，只要你一年内的就医花销没有超过这个额度，跟就医有关的开支就可以得到100%报销，包括在私立医院就医的开支。当然，C类产品的价格是最高的。它最大的作用在于可以由保险公司垫付医疗费。

人们购买A类产品和B类产品，买的是什么？根据前文的分析，这两类产品可以转移住院治疗费用医保覆盖盲点的风险，或辅助承担重大疾病的医疗开支，这是从风险转移的角度来说的。如果从人情世故的角度来说，那么人们买的其实是“借钱的自信和勇气，以及让别人把钱借给自己的理由”。举个例子，你和你的太太每月总收入3万元，除去必要开支和贷款，每月结余8 000元，目前存款为40万元。你有一名相交十几年的好朋友张三，因罹患重大疾病在医院就医，不会死亡是肯定的，但是完全治愈的前景也不乐观。之前张三在ICU（重症监护室）治疗时，张家已经把现金积蓄用光了。现在张三找你借30万元用于后续治疗，你愿意借吗？是不是很难回答这个问题？我想你心底是愿意的，最好的朋友此生有几个？但是你也有房贷车贷，上有老下有小，而且他借这个钱不是用来买不动产，而是用来治病的，治好了以后，还要慢慢还你。我们分两种情况讨论，如果张三只有社保，那么你愿意借吗？又或者此时张三告诉你，他除了社保还有一份健康医疗险的A类或者B类产品，年保险理赔额是100万元，他承诺出院立刻归还借款，你愿意借吗？我想，两种情况你都会借，只不过在第一种情况下，你不会借30万元，因为借出去就没打算要回来；在第二种情况下，你大概会借30万元，因为你和张三都很清楚，他说这句“出院立刻归还”是有底气的，这个底气就是健康医疗险。社保是无法完全报销医疗费用的，至少在ICU治疗期间产生的绝大部分费用是不能报销的。健康医疗险让你能够放心地把钱借给张三治病。购买能够垫付医疗费的C类产品意味着被保险人根本不会陷入需要借钱的窘境。以本书讨论的产品类别为例，300万元的年保险理赔额，做器官移植足够了。况且年保险理赔额为300万元的产品还不是“顶配”的直付型健康医疗险。健康医疗险为你做了疾病花销借贷的还款能力背书。C类产品可以解决就医资源问题，有直付功能且年保险理赔额高，当然价格也是最贵的。表2–6中的C类产品保费Z为6 190元/年（以30周岁男性为例），一年一缴，被保险人年龄越大，保费越高，被保险人60岁时保费为18 400元/年。健康医疗险为消费型险种，没有任何返还利益，因此大家在选择健康医疗险时首先要注意的是保障范围。大部分产品都会包含自费药，关键看是否包含自费进口医疗器械和特殊救治方案的费用，一定要全部包含。有报销门槛的产品，保费相对便宜，门槛一般为1万元到2万元。如果被保险人因小病住院，社保可以报销一部分费用的话，那么一般家庭也扛得住。有关续保的问题，可以参照前面的案例，《健康保险管理办法》并未强制要求保险公司“短期医疗险不得续保”，它只规定“不得含有保证续保的条款”。注意看保险公司销售的健康医疗险合同中有无类似的条款，如果有，那么大概率是可以续保的。家庭月收入在6万元以上且月均净结余不低于 4 万元的家庭，可以考虑为家庭核心收入成员配置健康医疗险 C 类产品。健康医疗险是否具有直付功能，是拉开产品价格差距的决定性因素。具有直付功能的健康医疗险产品，除了保障作用，还有财富管理作用，购买者可以放心地减少现金储备，不用为一些重大疾病的高额医疗费用担心，而且可以自由选择医疗资源。如果觉得 C 类产品的价格过高，A 类产品和 B 类产品的年保险理赔额又过低，那么可以多买几份 A 类产品或 B 类产品，提高总的年保险理赔额。这里要提醒一下大家，健康医疗险的核心是损失补偿原则[1]，被保险人是不能“多报”的，除去社保报销部分之后是多少就只能“报”多少，不能向参保的每家保险公司都报一次，健康医疗

1　损失补偿原则是指保险人在保险合同所约定的危险事故发生之后，对被保险人所遭受的实际损失或损害，可以给予充分的补偿。其主要内容包括：①赔偿金额应公平合理，合法合情，并征得被保险人的同意；②损失价值的估计，应以发生危险事故的当时当地市价为准则；③当损失价值无法估计，或当事人之间出现意见分歧时，可以采用恢复原状或其他方式进行补偿；④保险标的物多于一项时，应逐项分开计算，各项的赔偿金额之和不得超过保险金额；⑤除定值保险外，应按危险事故发生时的实际损失价值为准则，并以保险金额为限；⑥严格核对保险单的时效、财产存放地点、保险项目、被保险人，并分析出险的真正原因，努力做到该赔则赔，不该赔则绝不赔。比如，一辆价值 100 万元的宝马汽车车主，分别在 10 家保险公司投保保险金额 100 万元的保险，车辆损毁以后，赔偿方案是每家公司赔偿 10 万元，合计 100 万元，绝不是每家公司赔偿 100 万元，车主可以拿到 1 000 万元，后者显然是不合情理的，因为 1 000 万元已经大幅超过实际损失，这就是损失补偿原则。损失补偿原则通常应用于财产类保险，但是在人身保险的健康医疗险中也适用。

险的合同中会将这一点写得很清楚。[1] 那么，假设买了四份 A 类产品（实际上四份 A 类产品的价格加起来也不如 C 类产品的价格高），每份的年保险理赔额为 50 万元，当年度医疗费用中社保没有覆盖的部分有 130 万元，应如何处理？《健康保险管理办法》对于这个问题有明确的规定。[2] 对于消费者来说，可以多买几份 A 类产品提高总的年保险理赔额，价格比 C 类保险低得多，只是不能直付，需要在平时的现金储备中留出大病住院的预算。

1 《健康保险管理办法》第二十四条：保险公司设计费用补偿型医疗保险产品，必须区分被保险人是否拥有公费医疗、基本医疗保险、其他费用补偿型医疗保险等不同情况，在保险条款、费率或者赔付金额等方面予以区别对待。

2 《健康保险管理办法》第二十五条：被保险人同时拥有多份有效的费用补偿型医疗保险保险单的，可以自主决定理赔申请顺序。

| 第二节 |
如何避免“因病返贫”？

为什么会有人身保险？因为人们总有自身扛不住的风险。那么，什么重大疾病是你扛不住的呢？就是那种“可以一击摧毁职业能力”的重大疾病。让我们从一则微博热搜说起。

魏延政 1998 年毕业于北京大学计算机系，并先后到新加坡和英国留学，2004 年获得英国南安普敦大学计算机博士学位，2006 年回国后到华为公司工作。由于出色的表现，魏延政只用了短短几年时间就成为华为无线营销部总裁助理。非常不幸的是，他在 2011 年年初被查出患有癌症，华为公司以此为由，与他解除了劳动合同关系。魏延政忍受了癌症病魔长达 5 年的折磨，经历了恶性肿瘤扩大、切除、癌细胞扩散、截肢、放疗、化疗等痛苦的过程，最终于 2016 年 8 月 8 日永远地离开了这个世界。

这件事被关注以后，社会舆论对华为公司的处理态度众说纷纭。这里我们先来了解一个法条。《中华人民共和国劳动合同法》第四十条："无过失性辞退　有下列情形之一的，用人单位提前三十日以书面形式通知劳动者本人或者额外支付劳动者一个月工资后，可以解除劳动合同：（一）劳动者患病或者非因工负伤，在规定的医疗期满后不能从事原工作，也不能从事由用人单位另行安排的工作的。"

《中华人民共和国劳动合同法》是公认的在公平的基础上，在弱势的劳动者一方与用人单位之间进行平衡调节的法律。而它规定只要劳动者"患病或者非因工负伤"，在"规定的"医疗期满后不能从事原工作（对魏延政来说，指无线营销部总裁助理工作），也不能从事由用人单位另行安排的工作，用人单位就可以解除劳动合同。华为是一家公司，不是一家慈善机构，没有义务保留魏延政的岗位及待遇。法律是最低限度的道德，它不会纵容人坏得没边儿，但是也不要求人做修身齐家治国平天下的圣人，我们不应该谴责华为公司，而是应该思考一下如何规避风险。第一，得了病或者出了意外不能在原来的岗位做下去，单位辞退你不违法；第二，因为意外或者疾病导致自己的劳动能力、专业能力下降，单位可以对你进行调岗（或调薪）；第三，因为意外或者疾病导致完全不能发挥自己的专业能力（比如歌唱家不能再唱歌、足球运动员不能踢球），只能自己另谋出路（即付出重新进修、择业的成本）。

重大疾病的治疗费用并不可怕，因为有社保，还有健康医疗险。可怕的是很多大家可能没有考虑到的问题，比如一直要进行维持性治疗、吃药怎么办？康复期间，工作没了怎么办？康复后不能继续从事原行业怎么办？本书调研期间，我与某保险公司的一位全国业务骨干进行了一次交流，大致内容如下。

A：游律师，请问您觉得什么重大疾病是您扛不住的？

B：没有。

A：何以这样自信？

B：保险类业务是我的业务方向之一，我非常了解保险行业，也很有保险意识。我在上海按时缴纳了社保，还自己购买了一份直付型健康医疗险，年保险理赔额为600万元，总保额无上限。我的重疾险保额是650万元。理论上讲，如果我罹患重大疾病，前后治疗两年，康复五年（普通重大疾病的治疗期大约为半年，康复期为一年半到两年），治疗费500万元，那么我确诊后即可获得重疾险赔付的650万元，所有社保外的治疗花销，包括护理费，都可以由我的健康医疗险全额给付，我自己不用花一分钱。康复期的所有医疗开支依然可以全额报销，非医疗开支部分，650万元也足够支付了。我没有任何贷款，房、车均为全款购买。所以，我认为没有什么重大疾病是我扛不住的。

A：喉癌和脑部恶性肿瘤呢？

B：什么意思？

A：游律师，您的主要收入来源是什么？

B：律师业务。

A：喉癌的有些治疗方案需要全喉切除，声带没有了，您就再也不能说话了。脑部恶性肿瘤有可能会引起脑瘫。我相信您患上脑瘫之后应该无法再从事律师这样的职业了吧？这两种重大疾病的患者在治疗康复后可能不能说话，也不能讲课。您同意吗？

B：是！

A：请问您今年多大了？

B：33 岁。

A：中国人的平均寿命为 75 岁，您距离 75 岁还有 42 年。您是家里的顶梁柱，请问您家庭平均每年的花销是多少？

B：50 万元。

A：这 50 万元包括您的养老费用吗？

B：没有。

A：子女教育呢？

B：也没有。

A：父母赡养呢？

B：也没有。

A：加上这三者，我们算平均每年 70 万元，不过分吧？

B：不过分。

A：70 万元乘以 42 年，等于 2 940 万元。您有多少积蓄？

B：不方便告诉您。

A：有 2 300 万元吗？

B：没有。

A：差得远吗？

B：很远。

A：如果一切安好，凭借您的专业和勤奋，用 42 年时间挣到 2 300 万元应该没有问题吧？

B：没有。

A：在患上喉癌或者脑部恶性肿瘤的情况下，即使您不用花治疗费用，还拿到理赔金 650 万元，也可能面临职业能力被疾病摧毁的情况。职业转型能否成功我们暂不讨论。用 650 万元加上您现在的积蓄和变卖房、车的钱，再用 2 940 万元减去这个数字，得出的结果就是您的重大疾病保障缺口。准确地说，喉癌和脑部恶性肿瘤就是您扛不住的重大疾病。

B：您这样讲话很取巧，毕竟这种情况太巧合了。

A：为什么会有保险行业？

B：答案很多。

A：我从业将近 20 年，看过太多的生离死别，人情冷暖。我的观点很朴素，因为人总有自身扛不住的风险，所以才有保险行业，如果所有风险自己都扛得住，保险行业就没有存在的必要了。我们就是和风险赛跑的人，毕竟明天和意外，或者重大疾病哪一个先来是不确定的。一年 70 万元的开销是普通家庭的 3 倍以上，人由俭入奢很容易，由奢入俭却很难。您靠自己的努力追求这样的生活品质无可厚非，但是目前来看，如果您硬要坚持这样的生活品质，那么喉癌和脑部恶性肿瘤就是您扛不住的风险。您买保险的目的，就是要转移这些您扛不住的风险，您认同吗？

B：……

（对话完毕）

世界上第一份重疾险不是保险公司的人发明的，它的发明者是一位来自南非的医生——巴纳德博士。世人都以为医生在医院工作，见多了人世间的生死离别，对病痛与死亡看得很淡，可巴纳德博士并不是这样的。他从事医生这份职业以来，目睹了太多患者由于病痛的折磨，身体和精神上都承受了巨大的摧残。很多家庭为了付医药费，欠下了巨额债务。侥幸能够勉强维持的家庭，也无法保持以往的生活质量，陷入贫困。巴纳德博士深刻地意识到，医疗手段挽救得了一个人的生理生命，却挽救不了一个家庭的经济生命。于是他与南非当地的保险公司合作设计了一款保险产品，它能让病人在被确诊之后获得一笔保险金，作为治疗、康复及弥补收入损失的费用。在他的发起下，1983 年，世界上第一款重疾险应运而生。它的出现解决了被保险人由自身患病引发的经济问题。1986

年后，重疾险在全球迅速发展，在发展过程中，它的保障范围逐渐扩大，保障功能日趋完善。可以想象，一个有良心的医生，努力一生修炼技艺，凭借自己精湛的医术将病人的生命从死神手里抢回，但病人却因为缺钱，或被重大疾病削弱了职业能力导致收入下降，没有钱进行康复治疗，病情再度恶化，最终离世。这对于医生来讲是多么痛苦的一件事。

医术再高，也只能医治有限的病人，而不能挽救所有身受疾病之苦的人。我国改革开放至今已经42年，祖国已经强大，人民的生活水平也有了质的飞跃，但是还是有很多人会“因病返贫”。电影《我不是药神》获得了票房和口碑的双丰收。这部电影之所以能带给我们那么深的触动，是因为它真实。它真实地讲述了在疾病之下生存的各种小人物的故事。它赤裸裸地道出一个非常悲凉的事实：“世界上只有一种病，就是穷病。”穷人，在这个世界上，是没有资格生病的。电影里的台词并没有多么华丽，也没有矫揉造作的文艺腔。一句又一句朴实无华的台词令人感同深受。“谁家还没个生病的人呢?”“他才20岁，他想活命，有什么罪?”“命就是钱。”一句又一句，直戳人心。如果有药可吃，那么谁又想死？影片中的那个老奶奶说：“你们把药贩子抓走了，我到哪里去买药。我不想死，我想活!”在死亡面前，人人都恐惧，在生命面前，人人都留恋，没有谁例外。只是有时候，贫穷，却让人的命变得那么不值钱，让疾病变得那么令人胆寒。正如电影说的那样，穷人是有罪的，穷人也是有病的，他们得了一种病，叫穷病。

“因病返贫”这种情况在今天是可以完全避免的，因为只要每年花几百元购买健康医疗险，就不至于“因病返贫”。换算到每天，无非就是几根烟的钱。但是客观事实是，还有那么多人没有商业健康医疗险，这本质上是认知的问题。我送各位读者一句话：会理财的人不喜欢存钱，但是会存钱，所以存下了钱；不会理财的人喜欢存钱，但是不会存钱，所以存不下钱。这里我再和大家分享一个故事。

2014 年，有两个以前和我同导师的研究生同学，都想买房子。A 同学和我的关系一般，因为当时首付款有一些缺口，主动找我借钱，我借给他了。我和 B 同学的关系更好，所以主动去找他，问他在资金上是否需要帮助。B 同学拒绝了我，说他们家的家风不允许他在外面借钱，他还是想自己存钱全款买房。成都的房价从 2014 年到 2019 年几乎翻了一番。2019 年，A 同学已经把房子卖掉了，用这几年房产增值的钱换了一套大房子，并且手上还留有余钱；而 B 同学直到现在还没有存够全款，甚至首付都不怎么够。这就是为什么越会存钱的人越喜欢借钱，他们知道什么时候该借钱，也有能力用较低的利息借到钱，所以他们越来越有钱。有一次我去深圳做调研，发现早年买了房的访谈对象就算今天的收入比起前些年增长不明显，房子的增值也让他们非常满意，他们还后悔自己当年买少了。我问大家一个问题，一个出生于普通家庭的中国人，一生中唯一一次可以从银行用相对低的利息借到几百万元的机会是什么？是不是就是买房子？假设你是一个80后，大学毕业以后去了一个一线城市工作，如果家里当初砸锅卖铁支持你付了首付，你这些年努力工作还房贷，那么即使过程很艰辛，看看现在房子的价值你也会感到一丝欣慰。如果你不是那种“一线城市容不下肉体，二三线城市容不下灵魂”的人，那么只要把房子一卖，回老家随便找个工作，下半辈子就不用太发愁了，对吗？这就是现实，一个人对现实的判断构成了自己的基本认知。如果当今天最便宜的百万互联网健康医疗险一年保费才几百元的时候，你的选择依然是“我身体很好不可能得病，我有社保，我不需要”，那么我还能说什么呢？如果认为几百元太贵，那么还有相互宝[1]可以选择，但是要注意，相互宝不一定能足额兑现申请，而且限额很低，因为它不是商业保险，而是互联网平台发起的互助共济服务。平台用于支付申请者的钱是所有参与者缴纳的（平台还要扣除一定的维护费）。我不希望读过这本书的人，未来去“轻松筹”“水滴筹”。今天的中国，保险行业业务总量位居全球第二，只要你的认知不出问题，就不会“因病返贫”，至少不会“因医

1　相互宝是2018年10月16日在支付宝App上线的一项大病互助共济服务，参与者如遭遇重大疾病（范围是100种），可获得10万元至30万元不等的保障金，这笔保险金由所有参与者分摊。成立运行的半年时间，相互宝救助了24位参与者，救助费用分摊后为人均0.1元左右。相互宝还承诺2019年全年分摊金额不超过188元，多出部分由蚂蚁金服承担，这等于有了保底。互助计划的参与者，要申请互助金，需要在申请页面提交相关资料（包括身份证件、疾病诊断书等），经过平台调查审核后进行案件公示、筹款，一般1~3个工作日就会向申请者划拨互助金。

疗费返贫”。

本节谈到的重疾险，本质是转移“职业收入因病损失的风险”。国家卫生部 2008 年 6 月公布的数据表明，人的一生罹患重大疾病的概率高达 72.18%。当前，重大疾病的治疗费用一般都在 10 万元以上（还不包括康复费用和误工费用），那么，我们靠什么来抵御这突如其来的风险呢？重疾险简而言之就是以重大疾病为给付保险金条件的疾病保险。只要被保险人罹患保险条款中列出的某种重大疾病，无论是否发生医疗费用或发生多少费用，都可获得保险公司的定额补偿。

重疾险保障的“重大疾病”通常具有以下三种基本特征：一是病情严重，会在较长一段时间内严重影响患者及其家庭的正常工作与生活；二是治疗花费巨大，需要进行较为复杂的药物或手术治疗，需要支付昂贵的医疗费用；三是不易治愈，病情会持续较长一段时间，甚至是永久性的。重疾险给付的保险金主要有两方面的用途：一是为被保险人支付因疾病、疾病状态或手术治疗而花费的高额医疗费用（如果被保险人已经配置健康医疗险，就不存在这个问题）；二是为被保险人提供患病后的经济保障，尽可能避免被保险人的家庭在经济上陷入困境。购买重疾险后，如在等待期后出险，只要符合保险合同中约定的疾病种类、患病程度、治疗手段以及规定时间，就可以一次性获得保险公司的赔付，不需要自己垫付医疗费用，这减轻了个人的医疗支出负担。

例如，某人买了一份保额为 50 万元的重疾险，哪怕只缴费一年，只要本人罹患重疾后被确诊（重疾险都是确诊后赔付），他就可以获得保险金 50 万元。假如年保费是 9 000 元，他在缴费一年后首次罹患重疾，得到 50 万元的保险金，那么中间这 49.1 万元差值就是这份保障的数字化体现。

有人可能认为，如果高龄罹患重大疾病，那么所得保险金的大部分都是自己过去缴纳的保费，似乎不划算。事实上，保险保障的是一个过程，而非一个片段，在同一个条款下人人平等。重疾险前期的保障功能，让保险公司承担了巨大的风险，这是毋庸置疑的。因为重大疾病风险是不可预知的，谁都不能断言自己何时会得病，我们不能等自己吃完第四个馒头饱了之后埋怨不该吃前三个馒头，我们也不可能一上来就吃第四个馒头。

第一，若要选择重疾险，应先选择健康医疗险

选择重疾险前，应先选择一款健康医疗险，不然会极大削弱重疾险的作用。本书的观点很明确，重疾险是用来转移“职业收入因病损失的风险”，不是用来支付医疗费的。如果你没有购买健康医疗险 C 类产品，而是买了 A 类产品或 B 类产品，那么重疾险“确诊即给付”的特点可以帮你解决垫付医疗费的问题。社保加上健康医疗险，可以让你的治疗费用几乎得到全额报销。重疾险的保险金，可以用于后续的康复支出。

第二，有广度有深度，有温度有力度

选择重疾险的标准是“既要覆盖广，又要有深度”。我国是继英国、新加坡、马来西亚之后第四个规定并使用行业统一重大疾病定义的国家。重疾险于1995年被引入我国，随着经营主体的不断增多，保险公司独立规定的重大疾病定义存在差异，客观上给消费者对比和购买产品带来了不便，也容易导致理赔纠纷。专家指出，使用统一的重大疾病定义，一方面有利于消费者对比和购买重疾险产品，保护消费者权益；另一方面有利于积累重疾险的相关数据，着手解决长期困扰我国健康保险发展的数据难题，促进健康保险产品自主创新。中国保险行业协会与中国医师协会于2007年4月3日联合宣布，《重大疾病保险的疾病定义使用规范》（以下简称《使用规范》）正式启用。为保护消费者权益，《使用规范》在六个方面进行了规范：一是对重疾险产品中业务量较大的成年人最常见的25种疾病的表述进行了统一和规范；二是为重疾险产品涉及的保险术语制定了行业标准；三是对重疾险的相关除外责任进行了规范；四是对重疾险条款和配套宣传材料中所列疾病的排列顺序提出了规范性要求；五是对重疾险宣传材料中的疾病名称进行了规范；六是明确要求使用统一的重大疾病定义后，保险期间主要为成年阶段的保险产品，若以“重大疾病保险”命名，其保障范围必须包括25种疾病中发生率最高的6种疾病，即恶性肿瘤——不包括部分早期恶性肿瘤，急性心肌梗死，脑中风后遗症——永久性的功能障碍，重大器官移植术或造血干细胞移植术——须异体移植手术，冠状动脉搭桥术——须开胸手术，终末期肾病——须透析治疗或肾脏移植手术。目前，我国保险市场上已经售出的大多数重疾险产品包含这些疾病保障责任。中国银行保险监督管理委员会规定的25种重大疾病可见附录1。

当下，各家保险公司为了争夺市场，提升产品竞争力，其重疾险的保障疾病种类早就超过了《使用规范》要求的25种，截至我写作本书时，我国排名前十的保险公司的重疾险保障疾病种类已经增加到80种左右。从保障范围的角度来看，这对消费者而言是利好消息。那么，应该如何选择重疾险呢？首先，我认为，当然是保障疾病种类越全的越好。但是重疾险的保费起步就和健康医疗险C类产品差不多，如果保额高，年保费就可能达到十几万元甚至上百万元。这笔费用不是每个家庭都能承担的。其次，选择重疾险时应该对比产品的性价比。比如，张三每年可以承受的保费是1万元，面对甲、乙两种产品，甲产品的保障范围包含100种重大疾病（包含核辐射引起的重大疾病和埃博拉病毒感染），乙产品的保障范围只包含55种重大疾病，但是在保费相同的情况下，乙产品的保额比甲产品高20%（即被保险人确诊以后乙产品可以多赔付20%）。两种产品的保障范围都包含了国家规定的25种重大疾病，在这种情况下，当然选择乙产品更合理。试问大家，一个普通人一生中遭遇核辐射和埃博拉病毒感染的概率有多大呢？但国家规定的25种重大疾病的前6种是“重疾中的重疾”，发病概率极大。选择重疾险，只要明确了保障范围，剩下需要对比的就是保额了。就算保障范围相同的产品，不同保险公司的具体设计也不同。如果选定了乙种产品，那么接下来要看轻症和重疾的赔付次数。轻症本质上不属于重大疾病，保障范围包含轻症是各家保险公司为了提升产品优势额外设计的，一般来讲，轻症保额是重疾保额的 10% 到 30%。如果轻症不赔付，那么消费者内心会很难受，因为罹患轻症还是要去治疗的（不可能为了获得赔付把轻症拖延成重疾），这依然会影响工作和收入。这种设计是基于对人的关怀。至于重疾，比如恶性肿瘤（癌症），就要看是否有多次赔付、多倍赔付，或者两者皆有。为什么要额外关注重疾？本书以恶性肿瘤为例说明。

国家规定的 25 种重大疾病其中最高发的 6 种，恶性肿瘤排第一位。谈癌症，先谈五年生存率。五年生存率是医学界为了统计癌症病人的存活率，比较各种治疗方法的优缺点，对大部分患者愈后比较明确的情况进行统计后得出的指标。五年生存率指患者经过各种综合治疗后，能够生存五年以上的概率。肿瘤经过治疗后，有可能转移或复发，这种情况 80% 发生在根治术后三年之内，10% 发生在根治术后五年之内。肿瘤在根治术后五年内未转移或复发，转移或复发的概率就很小了，因此临床上常用五年生存率评估癌症的治疗效果。根治术后五年之内，患者一定要进行巩固治疗，定期检查，防止转移复发，这样即使有转移或复发的情况，也能及早治疗。WHO（世界卫生组织）2006 年定义癌症属于慢性病，不是绝症，之后又提出了癌症的三级预防概念。一级预防是消除病因，降低癌症发病率（水、空气、食物的污染问题影响着肝癌、肺癌、胃癌的发病率）；二级预防是早发现，早诊断，早治疗，降低死亡率；三级预防是康复治疗，提高患者生活质量，延长生存期。

根据以上信息，我们不难理解癌症康复治疗的重要性。恶性肿瘤患者即使进行了根治治疗，也需要静养康复，不能像健康时那样从事高强度的工作。如何才能从容地养病？当然需要一笔足够让心灵“淡定”的高额理赔金，因此“重疾加强”就显得尤为重要了。“重疾加强”有两种方式，第一种是多次赔付，第二种是多倍赔付。多次赔付是指被保险人在第一次罹患恶性肿瘤之后，再次罹患身体不同部位的恶性肿瘤（不包括原部位癌细胞扩散），保险公司会再次赔付。多倍赔付是指被保险人罹患恶性肿瘤并确诊之后，可获得的理赔金额是其他重大疾病理赔金额的 2~5 倍。面对这两种情况，选择多倍赔付的性价比更高。罹患恶性肿瘤之后，再次罹患身体不同部位的恶性肿瘤属于少数情况。保险行业有一句话叫“大病看恶性肿瘤，恶性肿瘤看五年生存率，五年生存率看保额够不够”。用相对较少的钱，规避最高的风险，就是智慧的选择。对于恶性肿瘤，还应该单独加强保额[1]并配置“特药”保险[2]，进一步转移

1 加强保额的方式有单独购买终身型的防癌险种或消费型的重疾险两种。

2 特药保险指的是以“全部已上市抗癌药”作为保障范围的保险，抗癌特药是指国内已批准上市的新型抗癌药物，包括靶向药物、免疫药物，投保年龄一般可以延长到 60~80 岁，保障期限是 1 年，确诊后可以用药 2~3 年。

风险。重疾险配置的核心秘诀是：选对范围，买高保额，灵活组合，提升性价比。

第三，增额定额要看好，定期终身要有数

定期重疾险：为被保险人在固定的期限内给予保障的重疾险。这类重疾险的保障期限最长是 30 年，20 岁买只能保障到 50 岁，30 岁买只能保障到 60 岁，多一天都不行。需要说明的是，这种保险属于消费型保险，没有出险不能返还保费。

终身重疾险：为被保险人提供终身保障的重疾险。终身保障有两种形式，一是为被保险人提供重大疾病保障，直到被保险人身故；二是当被保险人生存至合同约定的极限年龄（如 100 周岁）时，保险人给付被保险人金额与保额相等的保险金，保险合同终止。一般终身重疾险产品都会包含身故保险责任，人总有身故的一天，只是时间问题，因此保险人承担的风险较大，保费相对比较高。这种保险也是现在最常见的终身寿险加重疾险的组合形式。客户的保费支撑着两份保额，一份是终身寿险（被保险人身故才赔付），另一份是保额小于或等于与之组合的终身寿险的重疾险。被保险人罹患重大疾病并确诊以后先赔付金额与重疾险保额相等的保险金，身故以后再赔付金额与终身寿险保额相等的保险金。

定额重疾险：指保险事故发生或到达保险合同约定的期限时，保险人不问被保险人有无损失或损失金额是多少，只是按照保险合同中约定的金额给付保险金的重疾险。人身保险以人的生命为保险标的，保额由保险人和投保人双方约定，保险事故发生或到达保险合同约定的期限时，除健康医疗险可以按被保险人实际支出的医疗费金额给付外，其余险种均采取定额给付方式。在人身保险中，除采用补偿给付方式的健康医疗险和失能收入损失险，其他均属定额保险。重疾险如果是定额保险，就存在一个问题，即无法抵御通货膨胀。举一个例子说明，若A先生在35岁时购买了保额为500万元的重疾险，他需要认清两个事实，第一是他30年后罹患重大疾病的概率会大大升高，第二是500万元在他65岁的时候，购买力会大大降低。

增额重疾险：与定额重疾险相对的另一种重疾险形式。增额重疾险的保额有两种不同的增长方式。第一种是约定增额，顾名思义，就是指达到合同中约定的条件时，保额自动增加。常见的条件是被保险人到达一定年龄。另外一种是红利增额交清，指以增加保额的形式分配红利。很多人在选择红利的分配方式时，会选择累计生息，因为这种方式是以复利的方式计算利息的，时间越长，累计利息越多。红利增额交清省去了管理费、佣金等费用，相当于打折买保险，还是很合算的。增额重疾险可以有效抵御通货膨胀。

如果仅讨论这四个保险类型，那么定期定额的重疾险价格最低，终身增额的重疾险价格最高。

第四，诚实信用是基础，偶有过失亦可谅

在客户投保之前，保险公司会要求投保人“如实告知”被保险人的健康情况。如果客户因为种种原因，没有“如实告知”，或者出现“带病投保”的情况，那么投保后出险了，保险公司到底会不会赔付？会有怎样的后果？这就涉及投保人的“如实告知”义务和保险公司的“不可抗辩”条款。《中华人民共和国保险法》（以下简称《保险法》）第十六条：“订立保险合同，保险人就保险标的或者被保险人的有关情况提出询问的，投保人应当如实告知。投保人故意或者因重大过失未履行前款规定的如实告知义务，足以影响保险人决定是否同意承保或者提高保险费率的，保险人有权解除合同。前款规定的合同解除权，自保险人知道有解除事由之日起，超过三十日不行使而消灭。自合同成立之日起超过二年的，保险人不得解除合同；发生保险事故的，保险人应当承担赔偿或者给付保险金的责任。投保人故意不履行如实告知义务的，保险人对于合同解除前发生的保险事故，不承担赔偿或者给付保险金的责任，并不退还保险费。投保人因重大过失未履行如实告知义务，对保险事故的发生有严重影响的，保险人对于合同解除前发生的保险事故，不承担赔偿或者给付保险金的责任，但应当退还保险费。保险人在合同订立时已经知道投保人未如实告知的情况的，保险人不得解除合同；发生保险事故的，保险人应当承担赔偿或者给付保险金的责任。保险事故是指保险合同约定的保险责任范围内的事故。”（如图 2–3 所示）

根据《保险法》第十六条，客户投保时保险公司已经知道其未如实告知的，无论投保时间是否超过两年，无论投保人故意还是过失未告知，保险公司均应赔付保险金。在实践中，核保部门通常会给出四种解决方法：正常承保、加费承保、责

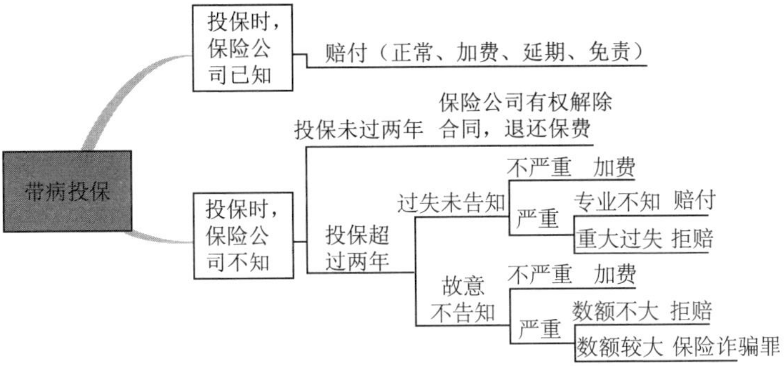

图 2-3 《中华人民共和国保险法》第十六条思维导图

任免除、延期承保。需要注意的是，如果客户已告知业务员，业务员擅自瞒报，则视为保险公司“已经”知道，保险公司可向客户赔付后，内部再对业务员追责。

根据《保险法》第十六条，若保险公司不知情，且投保时间没超过两年，无论是否发生保险事故，无论投保人故意还是过失未告知，保险公司均有权在30天内解除合同，无须赔付保险金。如果被保险人在投保后两年内“确诊罹患重大疾病”，且保险合同过了等待期，未如实告知的情况和确诊疾病之间无强因果关系，保险公司就应赔付保险金。投保时间超过两年的，分不同情况讨论。

如何判断投保人是“故意”还是“过失”？两者都属于主观心理，法院审判时除了证人证言外，最主要的判断依据是体检报告、病历、就诊记录等。“故意”是指投保人明显不满足投保条件（如健康状况、年龄等），却不告知保险公司，例如隐瞒牛皮癣、高血压等外界可轻易观察到的疾病。“过失”是指投保人不知道也无法判断自己是否不满足投保条件而未告知，例如未告知失眠与心脏病的关系。

投保人因重大过失未履行如实告知义务，对保险事故的发生有严重影响的，保险人对于合同解除前发生的保险事故，不承担赔偿或者给付保险金的责任，但应当退还保险费。“重大过失”，指未告知病症与新发保险事故之间有强因果联系的情况。癌前病变等短时间内大概率会恶化的病症，即属于此范畴。[1]

投保人专业不知的，保险公司应当赔付。“专业不知”，指未告知病症与新发保险事故之间无强因果联系，即具有一般医疗常识的人不能理解、知晓两者之间的关系的情况。例如未告知心脏病，后被诊断为恶性肿瘤，或未告知乙肝，后被诊断为肝癌［乙肝是肝癌的一个致病因素，但并不是短时间内可大概率导致肝癌的因素（案例见附录 2）］。

1 《李某彬与人保北京分公司人身保险纠纷一审判决书》（2013）西民初字第 08686 号审判意见：本院认为，本案的争议焦点在于，保险公司是否应当基于李某彬患慢性肾功能衰竭尿毒症期，向李某彬承担给付保险金的责任。在保险合同成立之前已经现实发生致损事件，由于该事件所造成结果的确定性，因而既不属于保险意义上的危险，也不构成保险事故。本案即属于此类情形，李某彬与保险公司所订立的保险合同成立于 2009 年 12 月，而李某彬在 2008 年即被确诊患慢性肾功能衰竭尿毒症期，远在合同成立之前。不履行如实告知义务的投保人，隐瞒重要事实到合同成立两年后再提出索赔请求，保险公司亦须给予赔偿。若如此解读法律，将在根本上违背法律的本意，并且严重违背了诚实信用原则。

如何判断涉案金额是否属于“数额较大”？《最高人民法院关于审理诈骗案件具体应用法律的若干问题的解释》：“八、根据《决定》第十六条规定，进行保险诈骗活动，数额较大的，构成保险诈骗罪。个人进行保险诈骗数额在1万元以上的，属于‘数额较大’；个人进行保险诈骗数额在5万元以上的，属于‘数额巨大’；个人进行保险诈骗数额在20万元以上的，属于‘数额特别巨大’[1]。”

故意带病（且已经达到理赔标准）投保的，不仅不能得到赔付，涉及赔付金数额较大的，还有可能触犯刑法。

《保险法》第十六条体现的是禁止反言原则，有利于投保人和被保险人，不利于保险公司。这里要强调的是，与香港地区相比，内地的《保险法》建立在民法基本原则中平等原则的基础上，是对投保人、被保险人和受益人的利益有明显保护倾向的法律，类似的法律还有《中华人民共和国消费者权益保护法》（倾向于保护消费者的利益）和《中华人民共和国劳动合同法》（倾向于保护劳动者的利益），虽然当事双方都是平等的主体，但是由于一方在专业度、信息量、经济能力上都明显强于另一方，因此法律会在强势方和弱势方之间维护平等。

1 《洪某保险诈骗二审刑事裁定书》（2015）驻刑二终字第00049号
审判意见：法院认为：被告人洪某以非法获取保险金为目的，明知身患肝癌不能投保重大疾病保险，却故意隐瞒事实真相，在同一时间段内，分别向多家保险公司投保重大疾病保险，意图骗取保险金766 875.74元，数额特别巨大，其行为已构成保险诈骗罪。

以普通法为基础的香港，不适用禁止反言原则，而适用绝对诚实信用原则。如果投保人在投保时不如实告知，就算合同成立两年后，也无法得到理赔。

我们应该以绝对诚实信用原则要求自己，如实告知保险公司有关情况。即使出现理赔纠纷，我们也要相信法律倾向于保护我们的利益。

| 第三节 |

如何选购健康医疗险和重疾险？

在给大家提供选购建议之前，有些基础信息我认为有必要与大家达成共识。

第一点，不管从事什么行业，人的收入都是逐步提升的。收入到了一定的量，收入模式就会改变，从“人挣钱”变成“钱来钱”。第一阶段是“挣钱”，处于这个阶段的人需要通过自己的劳动和积累，顽强拼搏，才能在激烈的竞争中生存下来。“挣”字左边是“手”，右边是“争”，比喻用双手在有限的环境中进行争夺。第二阶段是“赚钱”，“赚”字左边是“贝”，代表资本，右边是“兼”，代表融通兼并，即通过资本的投入和渠道的建立实现财富的二次积累。第三阶段是“生钱”，“生”字从字形上看是一只“牛”站在一条横线上面，比喻平台和人力的整合，处于这个阶段的人，更需要的是平台的力量。第四阶段是“来钱”，“来”的繁体字是一根“木”的左右两边各坐了一个“人”，比喻在选准行业之后，自己设立科学合理的机制，建立一个平台，吸引更多高素质的管理和技术人才加入，稳定队伍，形成系统，源源不断地创造财富。人们在“挣、赚、生、来”四个阶段，由于个人影响力的不断扩大，对保额的需求越来越高。

第二点，量变会产生质变。就算是同类型的人身保险产品，保额不同，意义也完全不同。比如一份保额为 30 万元的重疾险，主要作用是帮你垫付医疗费和支付半年的康养费用。一份保额为 300 万元的重疾险，除了这些作用，还可以帮你补偿三年的职业收入损失。一份保额为 3 000 万元的定期寿险，意义就是在保障阶段极大提升被保险人身价，并赋予其在死亡后承担家庭经济责任的能力（比如偿还房贷车贷、支付子女教育费用、父母赡养费用等）。在选购健康医疗险的时候，适当搭配定期寿险（有条件的可以搭配终身寿险，这方面内容将在第四章详细讲解），会让保障更加全面。

第三点，国家卫生部 2008 年 6 月公布的数据表明，人在一生中罹患重大疾病的概率高达 72.18%，既然大概率会碰到一次，我们当然就要提前做好准备。与其“在生命的最后十几天花光自己十几年的积蓄”，不如提前运用保险的杠杆。面对相对大概率会发生，且通胀率很高的开支，我们必须学会运用杠杆。

医疗成本通胀率是我们在配置健康医疗险组合前必须知

道的一个概念。它反映的是医疗成本的通货膨胀情况。由于医疗资源具有特殊性，直接和人的生命健康相关，因此只要经济条件允许，大家都会倾向于选择更好的医疗资源，不存在"丰俭由人"的情况。不管是传统的医学技术还是新兴的生物医学工程，没有一种技术是为了"追求性价比"，或者降低患者医疗成本而研发的。科研人员致力于探索更好的医学技术，是为了给人类提供更好的医疗资源。新技术出现以后，虽然旧技术不会被淘汰，但是患者只要有条件，就会选择更好的新技术，旧技术也会逐渐被纳入社保。现在治疗癌症的质子和重离子技术[1]，就没有被纳入社保。鉴于医疗成本通货膨胀的客观事实，我国在2015年提出了分级诊疗的概念。[2]

在我国，医疗成本通胀率受四个因素影响，第一是技术创新不会考虑医疗成本，第二是城镇化（只要享受过城镇医疗条件的人，就不会再愿意接受农村的医疗条件），第三是人口老龄化，第四是环境污染留下的问题（如雾霾导致呼吸道疾病）。以上四个因素会让我国的医疗成本通胀率在相当长的一段时间内居高不下。

美世咨询公司《2019年全球医疗趋势报告》（如表2-7所示）指出，全球的医疗成本通货膨胀速度并无减缓迹象，医疗成本通胀率接近整体经济通胀率的三倍。全球医疗成本通胀

1　质子和重离子技术是国际公认的放疗尖端技术。

2　《国务院办公厅关于推进分级诊疗制度建设的指导意见》并国办发［2015］70号

率 2018 年为 9.7%，2019 年继续在该数字上下浮动，2020 年可能进一步上涨。保险公司的工作重心开始转向引导消费者更明智地选择健康管理服务。在优质健康管理服务方面进行投入的保险公司数量不断增加，29% 的保险公司将其列为重要战略投资领域之一。美世认为，这是保险公司注重数据分析的自然结果。数据分析仍是保险公司的战略重心（例如通过数据分析确定成本，分析医疗就诊中的异常情况）。

表 2-7 《2019 年全球医疗趋势报告》(单位：%)

国家 / 地区	2016 年医疗成本通胀率	2016 年货币通胀率	2017 年医疗成本通胀率	2017 年货币通胀率	2018 年医疗成本通胀率	2018 年货币通胀率	2019 年医疗成本通胀率	2019 年货币通胀率
全球	9.9	3.1	9.7	3.6	9.7	3.2	9.6	3.3
亚洲地区（平均）	10.7	2.0	10.2	2.8	10.4	2.5	10.3	2.6
中国	10.0	2.0	11.0	2.4	9.7	2.2	10.2	2.4
太平洋地区（平均）	6.4	1.3	6.8	2.0	6.0	1.8	5.1	2.0
欧洲地区（平均）	7.1	1.6	6.7	2.6	8.1	3.1	8.3	3.0
中东亚地区（平均）	12.4	3.7	14.9	6.1	14.0	5.6	13.6	5.0
拉美地区（平均）	15.1	8.6	13.5	5.6	9.6	2.7	9.2	3.3

数据来源：2019 年美世医疗趋势调研

我想在这本书中与大家分享的是应知应会的人身保险知识和高性价比的产品组合方式。健康医疗险解决的是医疗费（尤其针对自费药）的问题，重疾险解决的是后续康复费用和职业能力下降带来的收入损失问题。重疾险有消费型和返还型两类，有定额、增额、定期、终身四种。那么应该如何搭配呢？

对话一：

A：请问您和太太的总平均月收入是多少？

B：税后 5 万元。

A：平均每月花费多少？

B：房贷车贷 1.5 万元，生活开支 9 000 元，子女教育、兴趣班和赡养双方父母的花费在 7 000 元左右，其余杂项大概 2 000 元。

A：剩下的 1.7 万元为什么不全部花掉？

B：存下来。

A：为什么存下来？

B：万一有个啥事儿可以应急，或者也可以逢年过节旅游一下。我每月还要用几千元定投指数基金，有时也会等存到 5 万元或 10 万元的时候一次性去银行买点儿理财产品。存点儿钱总归是好事。养老也不能完全靠社保。

A：您觉得会有什么事儿需要应急？

B：比如得个病，出个意外啥的。

A：没有医保吗？

B：有啊，但是不能全额报销，而且还要自己先垫付。

A：不仅如此，如果患上康复期长、留下后遗症概率大的重大疾病，还有可能丢掉工作，从而导致长期的收入损失。

B：对啊，所以要存钱。就算啥事儿没有，一生平安，也会变老啊，老了我就挣不到这么多钱了，所以现在要存钱，存定期太不划算，跑不过通货膨胀，所以要理财！

对话二：

A：您知道 30 岁左右的人，税后月收入 10 万元跟 1 万元有多大差距吗？

B：10 倍。

A：不止，我们算笔账。假设其余条件一样，月收入 1 万元的人，房租 3 000 元，生活费 3 000 元，其余社交杂费 2 000 元，剩余 2 000 元。一场大病或者意外就能把他直接击垮。如果他从剩余的 2 000 元中分配 400 元买健康医疗险，1 000 元买重疾险，持续缴费 20 年（全年 1.68 万元，保额在 35 万元到 55 万元），那么每月只能剩下 600 元。如果是月收入 10 万元的人，那么完成上面的事儿以后，每月还能剩下 90 600

元。那就可以用来投资自己，持续学习，逢年过节休假旅游，保持良好的状态。他也能很快凑齐首付款买房，然后等房屋增值。所以，两者的差距不是 10 倍，而是 150 多倍，而且越往后差距越大。这就是现实。

B：如何缩小差距？

A：很简单，要么月收入 1 万元的人努力挣到 10 万元，要么月收入 10 万元的人退回到 1 万元。

B：所以对于月收入 1 万元的人来说，应该努力精修专业，扩展人脉，早日登上月收入 10 万元的平台，而对月收入 10 万元的人来说，应该继续进步，稳扎稳打，争取早日登上月收入 100 万元的平台，且要避免回到 1 万元的平台。

对话二提到的两种人应该如何购买健康医疗险？

以 26 岁未婚男性为例，对于税后月收入 1 万元的他来说，标准配置应该是健康医疗险的 A 类产品或者 B 类产品加上消费型的重疾险（保额不低于 50 万元），建立医疗和重疾的基础保障体系，再搭配恶性肿瘤特效药保险，建立特殊疾病的加强保障，最后还可以配置一份定期寿险附加残疾保险（约定保障期间不管是由意外还是疾病造成的死亡都要赔付，残疾也要按等级赔付），保额不低于 200 万元，提升自己的身价（身价的意义将在下一章中详细阐述）。以上组合的花费平均每月 500 元。

普通单身白领的保额 = 重大疾病的医疗费用 + 两年康复费用 + 长期药物费用 + 基本孝心身价

如果这位 26 岁的青年没有配置类似的保险组合，那么一旦他罹患重疾，丢掉工作，情况就不容乐观。医疗费社保以外的部分需要自己承担，自己无积蓄的话只能由父母承担，康复费用也要全家人共同承担。如果患上的是恶性肿瘤，后续的医疗费也是由全家人承担。能康复或者半康复还好，如果不幸离世，那么家人在巨大的伤痛之下还要为其处理后事。[1] 如果配置了前面建议的保险组合，那么医疗费几乎可以全部报销，还有 50 万元可以用于康复和后续治疗（后续治疗的药费几乎不用自己花钱）。如果不幸因病离世，那么父母除了能拿到 50 万元的重疾险赔付，还可以额外拿到 200 万元的寿险赔付。虽然人死不能复生，但是 200 万元还是可以帮父母养老的，可以提升他们的老年生活品质，对这位青年来说，他也算尽了生为人子的基本孝心。每月 500 元，相当于每天 16.6 元，只是一份盒饭的钱而已……

我们以孩子 1 岁，妻子 28 岁的 35 岁已婚男性为例，讨论第二种情况。对于税后月收入 10 万元的这个家庭来说（丈夫 8 万元，妻子 2 万元），负债大概率会高于月收入 1 万元的

1 据中国青年网报道，太子峪陵园是北京规模较大、安葬骨灰数量较多的陵园之一，其工作人员说，目前在售的双穴墓地价格 9.5 万元、9.8 万元、10.8 万元不等，也有 20 多万元的多穴墓，这些都不包括墓碑刻字和安葬服务。而位于京郊西山风景区的北京市福田公墓，不到 1 平方米的传统墓地售价在 20 万元左右。

家庭或单身人士（月收入 10 万元的家庭会贷款购买价格相对高一点儿的房屋、商铺或车辆，因为对还款能力有信心）。假设家庭负债 240 万元，每月还款 2.5 万元左右，积蓄 60 万元，分散投资于短期理财和股票，那么这位 35 岁男性的标准配置应该是两到三份健康医疗险的 A 类产品或者 B 类产品（提升年保险理赔额上限），加上定额型或者增额型（主要看月结余情况，有条件的可以配置增额型重疾险，保额不低于 150 万元）的终身重疾险（固定保障终身的收入损失金），同时匹配保额为 200 万元的消费型重疾险，保额为 100 万元的防癌险，以及恶性肿瘤特效药保险，作为特殊疾病的加强保障。最后再配置一份保额不低于 1 000 万元的定期寿险，提升自己的身价。配偶的标准配置参考之前提到的 26 岁未婚男性即可。此时夫妻二人的保险花费为平均每月 7 000 元。

中产家庭经济支柱成员的保额 = 未来对家人承担的长期经济责任 + 家庭债务 + 孩子抚养费 + 父母赡养费 + 重大疾病医疗费用 + 两年康复费用 + 长期药物费用

作为典型的城市中产阶层家庭成员，哪怕是在一线城市，这位 35 岁已婚男性的收入也是挺体面的。如果没有这每月 7 000 元左右的开支，那么一旦他罹患重大疾病，首先就会丢掉工作，医疗费社保以外的部分需要自己承担，全靠 60 万元积蓄支撑。这个家庭每月还贷款就要消耗 2.5 万元，还不算其他生活开支。如果他的病治好了，那么在家康复一年左右后重新工作，倒也无妨。但是如果他罹患的是脑部恶性肿瘤，就只能长期治疗，无法工作，进入“一直不挣钱，永远在花钱”的状态，别说康复治疗，“续命”的花费就极大，是个无底洞。妻子每月 2 万元的收入，实在是杯水车薪。后面的故事，我都不敢往下写了……总结起来就四个字：因病返贫。

如果配置了前面建议的保险组合，那么假设男方罹患恶性肿瘤，医疗费几乎可以全部报销，还有 450 万元可以用作康复和后续治疗（后续治疗的药费几乎不用自己花钱），就算还清贷款后还剩下 210 万元，加上家里的积蓄，不说能完全解决问题，但至少有更大的回旋余地。如果是女方患病，那么基本上不会动摇家庭的经济根基（因为男方是主要经济来源）。如果男方不幸因病离世，那么家人可以获得 450 万元加上 1 000 万元的赔付。1 450 万元虽然不会让人起死回生，但是足以基本解决他对于家庭需要承担的经济责任。如果女方不幸离世，那么不会对这个家庭造成多大的经济损失，男方依然可以在经济上带领这个家庭前行。这是一个冰冷的结尾，却也有暖心的一面。每月 7 000 元，相当于每天 233 元，对于日收入 3 333 元的家庭来说，也就是少吃一顿火锅……

表 2–8 给大家展示的是健康医疗险、返还型重疾险和消费型重疾险三种保险。消费型险种（定期保险也属于消费型）和终身型险种的区别，可以用房子做比喻。购买消费型险种就像租房子，缴纳的保费相当于租金。健康保险这种房子，被保险人年纪越大，房租越贵，超过 60 岁，绝大多数的房东就不会再租给你了，开发商也不会卖给你了，就算要卖也只会卖

特殊户型，即老年防癌险）。但是租房子有优势，可以随时换地方住（合同一年到期后就可以换保险公司），而且可以用相对较低的价格住大房子（以相对较低的保费撬动高保额），非常适合年轻人。结合之前那个“26 岁未婚男性”的案例，我们可以发现，当自己的钱不足以购买一套房子的时候，租房子是最好的选择。每月 500 元，每年只需 6 000 元，不会造成太大压力。如果“买房子”，那么这位 26 岁未婚男性也可以负担保额大约为 30 万元的终身型重疾险。但是根据测算，光靠保额为 30 万元的重疾险肯定不够，没有健康医疗险作为辅助，也没有寿险提供身价。就算是大病医疗，30 万元减去自费项目的费用，剩下的钱也不够康养，所以他只能“租房子”，不能“买房子”。大家要有清醒的认识，重疾险的核心是保额[1]，保额是第一位，永远是第一位，其次是高发的 6 种重大疾病保额增强（增强的方式是直接提高保额或者提高特病保额，比如再加一份防癌险）。以上方案必须搭配健康医疗险，健康医疗险的作用是让重疾险的作用不被自费项目削减，让重疾险的作用最大化。

1　这里指的是国家规定重疾险保障范围内必须包括的 25 种疾病中发生率最高的 6 种疾病的保额。

表 2-8　健康医疗险、返还型重疾险、消费型重疾险

健康医疗险（消费型）	损失补偿原则	报销	自己垫付（直付型除外）	不一定能续保	病种无限制	眼前问题
重疾险（返还型）	生命无价原则	给付	确诊赔付无须垫付	赔完保额为止	病种约定	未来问题
重疾险（消费型）	生命无价原则	给付	确诊赔付无须垫付	大概率不能续保	病种约定	眼前问题

在不同的人生阶段[1]，人们对保额的需求是不一样的，对保额的需求就像对房屋面积的需求，性价比最高的方式是“租买结合”。但是需要注意的是，不能租太久，因为医疗成本通胀和你的年龄增长会让租金越来越高，到了一定年龄，还可能再也租不到了。租的本质是缓解一定时期的保额需求，买的本质是一辈子锁定固定的赔付金额，做选择时需要综合参考自己的经济实力和保额需求。如图 2–4 所示，要形成合理的家庭财务生态系统，第二板块的杠杆专款就需要规划好，不然一旦第二板块出了问题，就会迅速消耗第一板块，而且会影响第三板块，如此一来，一个家庭的财务生态系统就崩塌

1　人的一生分为筑巢期、满巢期、离巢期、空巢期。筑巢期指从结婚到孩子出生（25~32 岁）。满巢期指从孩子出生到孩子独立（25~55 岁）。离巢期指从孩子独立到夫妻退休（50~65 岁）。空巢期指从夫妻退休到一方死亡（65~100 岁）。保额需求最高的阶段是满巢期，对于普通人来说，事业发展最关键的时期也是满巢期。

了。对于一般的中产家庭来说，能够规划好重大疾病和养老问题，就已经很不错了。超高额的身价以及超高额的年金险，是富人阶层才需要考虑的问题，因为财富基础不一样，风险形态也不一样。

1.常备生活与应急支出 · 余额宝 · 现金宝 · 活期存款	2.杠杆专款 · 社会保险 · 补充医疗 · 商业保险
3.投资获益 · 房产投资 · 机构理财 · 二级市场	4.长期稳定支出 · 日常生活开支 · 各类贷款 · 养老金储备

图 2-4　合理的家庭财务生态系统

第三章
年金险：幸福生活的守护人

| 第一节 |

资产隔离，保障财富安全

安全的财富能带来幸福。对于企业主来说，债务和税务风险是财富安全的两大隐患。商业人寿保险中的健康医疗险和重疾险天然具有生存利益属性，只要不是以恶意逃避债务为由投保[1]，就可以起到资产隔离的作用（案例见附录3）。但是这两类保险的流动性极差，现金价值极低，虽然可以起到资产隔离的作用，但是无法盘活资产，所以意义不大。如果用年金险

1 《中华人民共和国合同法》第五十二条　有下列情形之一的，合同无效：

（一）一方以欺诈、胁迫的手段订立合同，损害国家利益；

（二）恶意串通，损害国家、集体或者第三人利益；

（三）以合法形式掩盖非法目的；

（四）损害社会公共利益；

（五）违反法律、行政法规的强制性规定。

来做资产隔离，就需要一些技巧。要知道，保险不具备避债的属性，只是通过合理的规划可以达到资产隔离的目的。这里让我们从一份2018年的判决书谈起。

（2018）吉07执75号

审理法院：吉林省松原市中级人民法院

申请执行人：吉林省金沐生物科技有限公司，住所地吉林省长岭县

法定代表人：孙某柱，经理

被执行人：全家福健康管理有限公司，住所地北京市经济技术开发区

法定代表人：金某福，经理

被执行人：金某福，男，1976年10月18日生，黑龙江省密山市人

委托代理人：李某辉，居住地松原市宁江区

申请执行人吉林省金沐生物科技有限公司（以下简称金沐公司）与被执行人全家福健康管理有限公司、金某福买卖合同纠纷一案，本院于2018年10月9日做出（2018）吉07民初70号民事调解书，该调解书生效后，申请执行人金沐公司申请强制执行，本院于2018年11月1日立案执行。

在执行过程中，本院依法采取了下列措施：

1. 依法向二被执行人送达了执行通知书和报告财产令，责令二被执行人给付申请执行人金沐公司货款人民币4 900万

元。被执行人未履行生效法律文书确定的给付义务。2. 通过最高法院“总对总”网络查控系统，发现被执行人金某福在多家银行账户有存款，但大多数账户已被冻结。本院对其中未被冻结的 3 个账户进行了冻结、扣划，执行回款 526 664.58 元。3. 诉讼过程中，依法冻结了被执行人金某福名下的 8 份保险权益。经查，被执行人金某福在中国太平洋人寿保险股份有限公司哈尔滨中心支公司投保了 4 份分红型保险，保险单号分别为 05***8、05***4、050***4、050***91；在中国人寿保险股份有限公司成都分公司投保 2 份分红型保险，保险单号分别为 11***3、1***44；在中国平安人寿保险股份有限公司常州中心支公司投保分红型保险，保险单号为 P1***51；在新华人寿保险股份有限公司（北京市东城区东四十条 68 号平安发展大厦）投保万能型保险，保险单号为 8***56。执行人员核查后，向相关保险公司送达了执行裁定和协助执行通知，要求将被执行人金某福名下的上述保单强制退保。中国太平洋人寿保险股份有限公司哈尔滨中心支公司退保人民币 2 951 218.56 元；中国人寿保险股份有限公司成都分公司退保人民币 9 035 726.4 元；中国平安人寿保险股份有限公司常州中心支公司退保现金价值人民币 14 977 918.16 元、生存金（未领金额含利息）1 645 476.16 元；新华人寿保险股份有限公司退保 2 983 990.85 元，总计执行回款 31 594 330.13 元。4. 查封被执行人金某福所有车牌号为辽 A×××VP 的梅赛德斯–奔驰轿车。诉讼中，查封了该车的车籍（未实际控制）。在执行过程中，执行人员和申请执行人多方查找，未找到该车。5. 查封被执行人金某福所有位于山东省威海市文登区界石镇的两处建设用地使用权。按照最高法院规定对两处地块向山东省威海市文登区自然资源局发出询价函，未果。在委托评估过程中，申请执行人金沐公司向本院提出书面申请，认为该两处建设用地无执行价值，申请撤回评估申请、解除查封。综上，申请执行人金沐公司与被执行人全家福健康有限公司、金某福买卖合同纠纷一案，本院执行回款 32 120 994.71 元。其中，支付给申请执行人金沐公司 32 004 594.71 元，收取执行费 116 400 元。2019 年 6 月 12 日，申请执行人金沐公司以未发现被执行人其他可供执行财产为由向本院提出撤销执行申请，同时以已查封车籍的梅赛德斯–奔驰轿车未找到、两处建设用地使用权无执行价值为由，申请解除对被执行人金某福所有车牌号为辽 A××× VP 的梅赛德斯–奔驰轿车车籍以及位于山东省威海市文登区界石镇两处建设用地使用权的查封。本院认为，申请执行人的申请符合法律规定，应予准许。于 2019 年 6 月 21 日解除了被执行人金某福所有车牌号为辽 A××× VP 的梅赛德斯–奔驰轿车车籍的查封；于 2019 年 6 月 24 日解除了对位于山东省威海市文登区界石镇两处建设用地使用权的查封。依照《中华人民共和国民事诉讼法》第二百五十七条、《最高人民法院关于适用〈中华人民共和国民事诉讼法〉的解释》第四百六十六条、第四百六十七条、第四百六十八条、第五百二十条的规定，裁定如下：终结本院（2018）吉 07 执 75 号案件的执行。

本裁定送达后立即生效。

审判长　范某慧

保单的现金价值是被法院认可的责任财产，属于可以被强制执行的财产。3 100 万元的保单现金价值（退保金）对应的是至少 5 000 万元的保费。专业的保险代理人应该有办法帮客户把这些资产隔离开。本节将对这个问题进行简单解读。

生存权优于债权。人身保险是否代表被保险人的生存利益，目前各级法院主流的判断依据是诉讼纠纷发生时的保单状态。如果涉及被保险人的生存利益，保单现金价值就不会被强制执行，如果不涉及生存利益，就会被强制执行。[1] 接下来我们具体分析几种不同的负债情形（如图 3-1、图 3-2、图 3-3 所示）。

1 《中华人民共和国合同法》第七十三条

因债务人怠于行使其到期债权，对债权人造成损害的，债权人可以向人民法院请求以自己的名义代位行使债务人的债权，但该债权专属于债务人自身的除外。

《最高人民法院关于适用〈中华人民共和国合同法〉若干问题的解释（一）》第十二条

合同法第七十三条第一款规定的专属于债务人自身的债权，是指基于扶养关系、抚养关系、赡养关系、继承关系产生的给付请求权和劳动报酬、退休金、养老金、抚恤金、安置费、人寿保险、人身伤害赔偿请求权等权利。

《中华人民共和国保险法》第十五条　除本法另有规定或者保险合同另有约定外，保险合同成立后，投保人可以解除合同，保险人不得解除合同。

《中华人民共和国保险法》第四十七条　投保人解除合同的，保险人应当自收到解除合同通知之日起三十日内，按照合同约定退还保险单的现金价值。

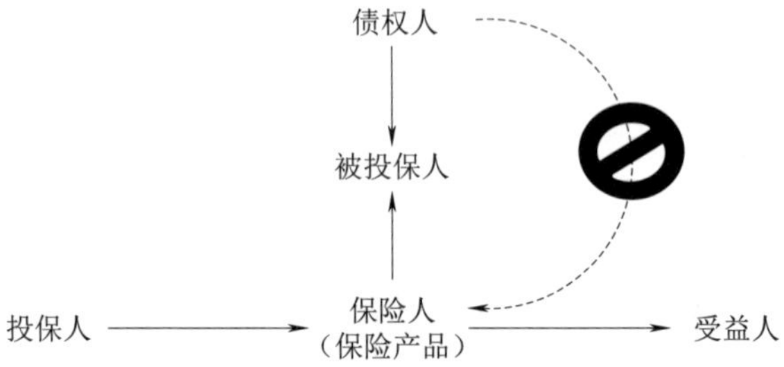

图 3-1　被保险人负债的情形

被保险人负债，债权人不能越过被保险人，直接拿走属于被保险人的财产（比如生存金）。但是被保险人把生存金取出来放在银行卡里的情况另当别论。

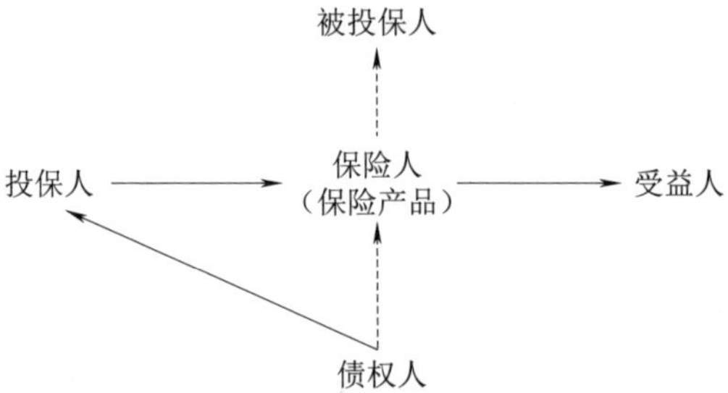

图 3-2　投保人负债的情形

投保人负债，债权人可以拿走保单的现金价值，但是需要投保人先退保。

受益人负债，已拿到的赔偿金属于受益人的责任财产，可以用于偿还债务（案例见附录 4）。

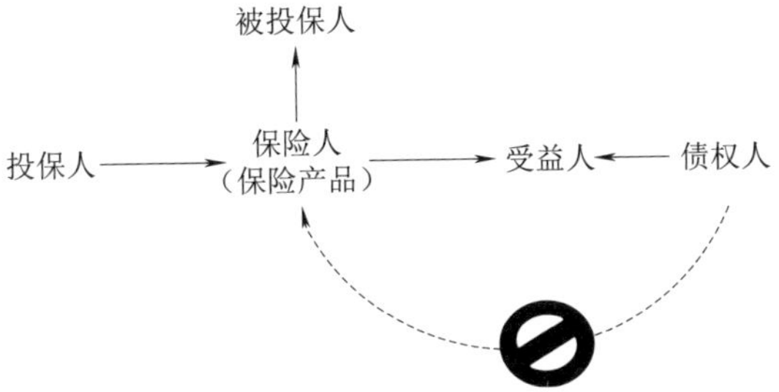

图 3-3　身故受益人负债的情形

与身故理赔金属于受益人的财产不同的是，重疾理赔金具有很强的生存属性，如果遇到债务纠纷，那么可以被有效隔离（案例见附录 5）。由于重大疾病不是人们可以“主动规划”的事情，因此用重疾险来做资产隔离是不现实的。

正确的做法是利用保险的精算特性，结合介入权的行使，隔离债务，或者通过变更投保人的方式让债务人不再是资产的持有人。

先说行使介入权。《最高人民法院关于适用〈中华人民共和国保险法〉若干问题的解释（三）》第十七条指出：“投保人解除保险合同，当事人以其解除合同未经被保险人或者受益人同意为由主张解除行为无效的，人民法院不予支持，但被保险人或者受益人已向投保人支付相当于保险单现金价值的款项并通知保险人的除外。”

投保人与被保险人不一致时，投保人解除保险合同无须经过被保险人同意，但被保险人可以向投保人支付相当于保单现金价值的款项维持合同效力。

老张是一位民营企业家，因为资金周转需求，找朋友老赵借了1 000万元，在借款之前，老张购买过一份“中信1号”年金保险，每年保费200万元，交满5年以后保单现金价值为200万元。从第五年开始，保险公司每年给被保险人35万元年金，之后每隔5年，年金金额增长10%（即38.5万元、42万元、45.5万元），无分红。被保险人身故，受益人可以拿到1 000万元身故理赔金。老张是这份保单的投保人（65岁），儿子小张是被保险人（45岁），孙子小小张是受益人（20岁）。现在因为老张资不抵债，债权人老赵将其告上法庭，法院要执行这份保单。

老张欠债，法院不能执行小张的财产，但是如果老张的这张保单被执行，就会影响小张的生存金领取，小张每年至少损失35万元，每隔5年，这个损失金额还会上涨。对小小张来说，如果此保单被执行，小张身故以后，他也拿不到1 000万元的身故理赔金。

对于债权人老赵来说，他只能申请执行保单的现金价值200万元人民币，因为《中华人民共和国合同法》以保护交易为主要原则。试想一下，假设小张和小小张愿意站出来为老张偿还债务呢？在可以使用介入权（如图3–4所示）的前提条件下，小张和小小张如何维护自己的权益？

如果被保险人愿意站出来还债（实际情况中，大概率是因为保单现金价值极低，被保险人觉得出了这笔钱以后得到的生存金可以补偿自己的损失，退掉保险不划算），只要他能

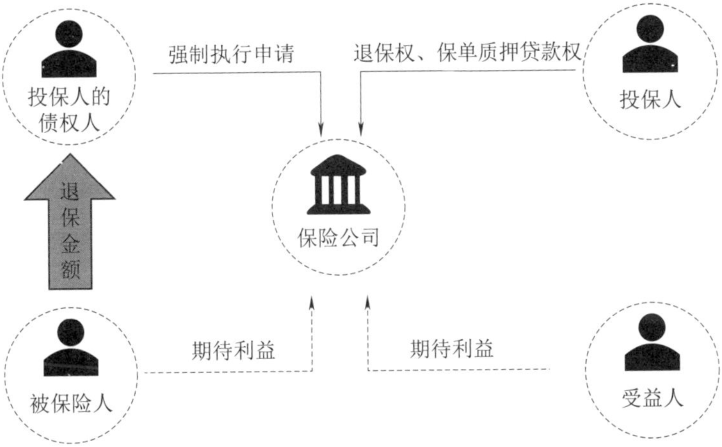

图 3-4　介入权

给债权人支付与保单现金价值等同的资金，法院就不应该强制执行此保单，因为执行的结果也无非是债权人拿到保单现金价值。一旦被保险人行使介入权，相当于被保险人“帮助”投保人偿还了债务，此时保单的退保权和现金价值返还请求权就应该归被保险人所有。有些时候，受益人也可以行使介入权。无论是被保险人还是身故受益人，行使介入权的成本都是现金价值，因此现金价值越低，行使介入权的成本越低。这里需要注意，行使介入权的前提是投保人与被保险人不是同一人。司法实践中，《江苏省高级人民法院关于加强和规范被执行人所有的人身保险产品财产性权益执行的通知》（见附录 6）为介入权的行使提供了很好的指引。其中第五条规定：“投保人为被执行人，且投保人与被保险人、受益人不一致的，人民法院扣划保险产品退保后可得财产利益时，应当通知被保险人、受益人。被保险人、受益人同意承受投保人的合同地位、维系保险合同的效力，并向人民法院缴付了相当于退保后保单现金价值的财产替代履行的，人民法院不得再执行保单的现金价值。”

再说变更投保人。不涉及生存利益的保单，现金价值属于投保人的责任财产。如果投保人负债，那么保单现金价值当然可以被强制执行。但是，投保人是可以变更的，如果债务发生时投保人不是债务人，此保单就不会被执行。在操作中要注意，更改投保人在法律上属于无偿转让财产的行为。如果债务人转移财产的行为对债权人造成损害，那么债权人是可以行使撤销权的。[1] 因此，一定要注意变更投保人的时间，最好提前一年以上，如果已经进入催收阶段甚至诉讼阶段，再想更改就来不及了。保险有“救难不救急”的原则，同样的道理，如果已经有高额负债无法偿还，那么为了逃避债务购买重疾险

---

1 《中华人民共和国合同法》

第七十四条　因债务人放弃其到期债权或者无偿转让财产，对债权人造成损害的，债权人可以请求人民法院撤销债务人的行为。债务人以明显不合理的低价转让财产，对债权人造成损害，并且受让人知道该情形的，债权人也可以请求人民法院撤销债务人的行为。

撤销权的行使范围以债权人的债权为限。债权人行使撤销权的必要费用，由债务人负担。

第七十五条　撤销权自债权人知道或者应当知道撤销事由之日起一年内行使。自债务人的行为发生之日起五年内没有行使撤销权的，该撤销权消灭。

也是不可取的。

回头看（2018）吉 07 执 75 号案件，如果当事人及时变更投保人，3 000 多万元的现金价值就可以保留下来，因为根据常识判断，当事人的债务不会是一天之内欠下的。企业主欠债都有一个过程，比如由于经营不善或者其他内外部原因，日积月累，最后资不抵债。这个过程中，只要在合适的时候变更年金险投保人，就可以达到隔离资产的目的。更好的方式是，不要让最有可能成为债务人的人及其配偶[1]当以资产隔离为目的的年金险的投保人。变更投保人的时间越早越好，最好在承保的时候就不要让未来有潜在债务风险的人当投保人。

如果家里确实没有合适的投保人，就应该在险种的搭配和产品的选择上为自己留有行使介入权的余地，如（2018）吉 07 执 75 号案件投保人和被保险人不是同一人，因此在保单被执行的时候，被保险人可以主张行使介入权。这里需要注意的

---

1 《中华人民共和国婚姻法》

第四十一条　离婚时，原为夫妻共同生活所负的债务，应当共同偿还。共同财产不足清偿的，或财产归各自所有的，由双方协议清偿；协议不成时，由人民法院判决。

《最高人民法院关于适用〈中国人民共和国婚姻法〉若干问题的解释（二）》

第二十四条　债权人就婚姻关系存续期间夫妻一方以个人名义所负债务主张权利的，应当按夫妻共同债务处理。但夫妻一方能够证明债权人与债务人明确约定为个人债务，或者能够证明属于婚姻法第十九条第三款规定情形的除外。

夫妻一方与第三人串通，虚构债务，第三人主张权利的，人民法院不予支持。

夫妻一方在从事赌博、吸毒等违法犯罪活动中所负债务，第三人主张权利的，人民法院不予支持。

是，如果购买保险的目的是资产隔离，但是家族中没有合适的投保人，就应该有针对性地选择现金价值低的年金险。现金价值越低，介入的成本越低。

我们再来看看涉税风险。涉税风险到底是一种什么样的风险呢？它的字面意思是指企业对于自己的纳税义务和国家相关法律法规的认识不清楚，故意或者过失造成的已纳税款和应缴税款出现差额，从而被公告追索的情况。一旦被公告，所欠税款就会成为公债（欠国家的钱），适用民法领域保护债权人（即税务征收机关）的原则。[1] 如果说出现债务风险的大多数情

---

1 《中华人民共和国税收征收管理法》第四十五条　税务机关征收税款，税收优先于无担保债权，法律另有规定的除外；纳税人欠缴的税款发生在纳税人以其财产设定抵押、质押或者纳税人的财产被留置之前的，税收应当先于抵押权、质押权、留置权执行。纳税人欠缴税款，同时又被行政机关决定处以罚款、没收违法所得的，税收优先于罚款、没收违法所得。税务机关应当对纳税人欠缴税款的情况定期予以公告。

留置权：指债权人因合法手段占有债务人的财物，在由此产生的债权未得到清偿以前留置该项财物并在超过一定期限仍未得到清偿时依法变卖留置财物，从价款中优先受偿的权利。留置权的效力主要体现为留置权人的占有权和优先受偿权。例如，我的自行车坏了，拿给修车师傅修理，修好后我去拿，但是我的钱不够，修车师傅“把我的车扣下了”，这就是修车师傅在行使留置权。　质押权：质押权属于担保物权中的一种。抵押与质押最大的区别是抵押不转移抵押物，而质押必须转移占有质押物。第二个区别是质押无法质押不动产（如房产），因为不动产的转移不是占有，而是登记。例如，我没钱了，把我的表拿到当铺去质押，换了 1 万元现金。　抵押权：是一种法律协议，当资金借入人不能支付债券或票据所要求支付的款项时，它能够保护资金借出人。抵押权赋予资金借出人从协议中确定的资金借入人资产的出售所得现金中获得偿还的权利。例如，我向银行借了 50 万元，借款合同中写明把房子抵押给银行。留置权优于质押权，质押权优于抵押权。　总结：以上三种都属于债权的担保形式，维护的是债权人的利益。

况与经营状况有关，那么出现税务风险的情况则多数与经营收入有关。要参与经营，获得收入，需要成立一个法人组织。个体户、个人独资企业、合伙企业、有限责任公司，这四类法人组织在涉税风险责任方面分别适用穿透责任制和隔离责任制。在这四类法人组织中，个体户、个人独资企业，合伙企业中的 GP（普通合伙人）适用于穿透责任制，一旦发生涉税风险，就会影响到具体的自然人及其家庭（见附录 7）。有限责任公司的股东以及合伙企业的 LP（有限合伙人）适用于隔离责任制，由于涉税风险主要针对企业，因此自然人股东的风险相对较小。[1] 就算有限责任公司适用隔离责任制，但是企业出现某些涉税风险行为，自然人股东也有可能会被“穿透”。最常见的三种涉税风险行为是虚假交易（见附录 8）、关联交易（见附录 9）和账外经营（见附录 10）。有限责任公司无论负债多少，只要正常依法经营，最坏的结果无非就是破产。但是如

1 某有限责任公司有 5 位股东，分别占股 20%。2019 年度，该有限责任公司的纯收入（应纳税所得额）为 100 万元，按照现行企业所得税法规定，该公司应纳企业所得税 100 万元 ×25%=25 万元。如果税后利润按照 20% 均分，适用税率 20%，5 位投资者合计缴纳个人所得税（100 万元 −25 万元）×20%=15 万元。合计交纳所得税 25 万元 +15 万元 =40 万元。假设将该有限责任公司的性质改变为合伙企业，每位合伙人应分得利润为 20 万元，这家合伙企业应缴纳的个人所得税是多少？按照现行《个人所得税法》及其实施条例以及税收政策的规定，合伙企业应当“先分后税”，投资人按照经营所得进行纳税，适用税率为 5%~35%。

果股东有违法行为，就需要对公司债务承担连带责任。[1]隔离责任制对有限责任公司中的自然人股东来说，并不意味着绝对安全。

严重的涉税风险行为还有可能触犯刑法，行为人将承担刑事责任，面临刑事处罚（如表 3-1 所示）。

表 3-1　涉税风险行为人可能面临的刑事处罚

罪名	犯罪行为	刑罚
逃税罪	纳税人采取欺骗、隐瞒手段进行虚假纳税申报或者不申报，逃避缴纳税款数额较大并且占应纳税额百分之十以上	有期徒刑、拘役，并处罚金
抗税罪	以暴力、威胁方法拒不缴纳税款	有期徒刑、拘役，并处罚金
逃避追缴欠税罪	纳税人欠缴应纳税款，采取转移或者隐匿财产的手段，致使税务机关无法追缴欠缴的税款	有期徒刑、拘役，并处罚金
骗取出口退税罪	以假报出口或者其他欺骗手段，骗取国家出口退税款数额较大	有期徒刑或者无期徒刑、拘役，罚金、没收财产

1 《中华人民共和国公司法》

第二十条　公司股东应当遵守法律、行政法规和公司章程，依法行使股东权利，不得滥用股东权利损害公司或者其他股东的利益；不得滥用公司法人独立地位和股东有限责任损害公司债权人的利益。

公司股东滥用股东权利给公司或者其他股东造成损失的，应当依法承担赔偿责任。

公司股东滥用公司法人独立地位和股东有限责任，逃避债务，严重损害公司债权人利益的，应当对公司债务承担连带责任。

续表

罪名	犯罪行为	刑罚
虚开增值税专用发票、用于骗取出口退税、抵扣税款发票罪	虚开增值税专用发票或者虚开用于骗取出口退税、抵扣税款的其他发票	有期徒刑或者无期徒刑、拘役，罚金、没收财产
虚开发票罪	虚开《刑法》第二百零五条规定以外的其他发票，情节严重	有期徒刑、拘役或者管制，并处罚金
伪造、出售伪造的增值税专用发票罪	伪造或者出售伪造的增值税专用发票	有期徒刑或者无期徒刑、拘役或者管制，并处罚金或者没收财产
非法出售增值税专用发票罪	非法出售增值税专用发票	有期徒刑或者无期徒刑、拘役或者管制，并处罚金或者没收财产
非法购买增值税专用发票、购买伪造的增值税专用发票罪	非法购买增值税专用发票或者购买伪造的增值税专用发票	有期徒刑、拘役，并处罚金
非法制造、出售非法制造的用于骗取出口退税、抵扣税款发票罪	伪造、擅自制造或者出售伪造、擅自制造的可以用于骗取出口退税、抵扣税款的其他发票	有期徒刑、拘役或者管制，并处罚金或者没收财产
盗窃、骗取发票罪	盗窃或者使用欺骗手段骗取增值税专用发票或者可以用于骗取出口退税、抵扣税款的其他发票	有期徒刑、拘役或者管制，并处罚金
单位犯危害税收征管罪的处罚规定	单位犯《刑法》第二百零一条、第二百零三条、第二百零四条、第二百零七条、第二百零八条、第二百零九条规定之罪	有期徒刑或者无期徒刑、拘役或者管制，并处罚金或者没收财产

刑事处罚包括主刑（人身刑）和附加刑（财产刑及资格

剥夺）。

人身刑包括管制、拘役、有期徒刑、无期徒刑和死刑，财产刑包括罚金、没收财产，资格剥夺包括剥夺政治权利、驱逐出境。

某著名影星坊间传说被罚了8亿多元，为什么没有进监狱？这个问题的答案其实很简单，因为我国法律对偷逃税款行为的处罚遵从“首犯不刑”[1]原则。税法和《民法》不一样，《民法》是一部以权利为本位的法律，而税法是各种税收法规的总称，是以义务为本位的法律。对于违反税法的行为，处罚方式上是有缓冲区的，直接入刑也不符合国际惯例。

《中华人民共和国税收征收管理法》第五十条规定：“欠缴税款的纳税人因怠于行使到期债权，或者放弃到期债权，或者

1 《中华人民共和国刑法》第二百零一条第四款：“有第一款行为，经税务机关依法下达追缴通知后，补缴应纳税款，缴纳滞纳金，已受行政处罚的，不予追究刑事责任；但是，五年内因逃避缴纳税款受过刑事处罚或者被税务机关给予二次以上行政处罚的除外。”这是某著名影星的案件，虽然涉案金额极大，但是当事人最终并未被追究刑事责任的根本原因。对此，官方的说明是，由于某著名影星属于首次被税务机关按偷税予以行政处罚且此前未因逃避缴纳税款受过刑事处罚。

假设某著名影星的会计为了掩盖违法事实，把账本烧了，会怎么样？

《中华人民共和国刑法》

第一百六十二条之一【隐匿、故意销毁会计凭证、会计账簿、财务会计报告罪】隐匿或者故意销毁依法应当保存的会计凭证、会计账簿、财务会计报告，情节严重的，处五年以下有期徒刑或者拘役，并处或者单处二万元以上二十万元以下罚金。

单位犯前款罪的，对单位判处罚金，并对其直接负责的主管人员和其他直接责任人员，依照前款的规定处罚。

不出意外的话，某著名影星的会计应该就“进去”了。所以会计职业有个外号叫“两院院士”（法院和检察院）。

无偿转让财产，或者以明显不合理的低价转让财产而受让人知道该情形，对国家税收造成损害的，税务机关可以依照合同法第七十三条、第七十四条的规定行使代位权、撤销权。税务机关依照前款规定行使代位权、撤销权的，不免除欠缴税款的纳税人尚未履行的纳税义务和应承担的法律责任。”

人身保险的赔偿金请求权属于债务人的专属债权，不能被代位求偿。以年金险为例，投保人拥有保单现金价值的所有权，只要投保人不欠税，保单现金价值就不能被执行。被保险人领取生存金，是专属债权，即使被保险人欠税或者欠债，这种专属债权也不能被执行，这就起到了资产隔离的作用，且保险理赔款不需要缴纳个人所得税（见附录11）。简单地说，这是利用了年金险可以将所有权和受益权相分离的优势（不要让涉税风险人成为年金类保险的持有人，也就是投保人）。只有财富安全，幸福才能稳定持久。

| 第二节 |
风险管理，平稳度过“百岁人生”

人奋斗一生获得的财富，无非用来照顾家人、回馈社会、传承后代、福泽子孙。至亲的人从来不希望我们有多成功，但是他们希望我们是幸福的人。在照顾家人方面，父母养老和子女教育是我们无法回避的话题。本节将对目前我国的养老现状、主流的养老方式以及子女教育的资金安排方式进行阐释。

关于养老那些事儿

不知道各位怎么定义“老”这个字。《礼记·曲礼》中写道：“七十曰老，而传。”我认为，要把养老这件事谈清楚谈透彻，首先得给“老”下一个定义。

写到这一节的时候，我去淘宝和天猫搜索了一下“老年必备”这几个字，搜到的主要商品是成人尿不湿。电商购物网站的关键词搜索结果是按销量由高到低排序的，这说明了一个普遍现象，那就是随着年龄的增长，人体机能会慢慢减退。年龄越大，免疫力越差。

如果在步入老年之前没有实现被动收入，那么长寿未必是一种幸福。如图 3–5 所示，分子是形成被动持续收入前的养老金储备，分母是寿命，右边是你希望拥有的养老生活品质。这个简单的除法，很多人未必算得清楚，因为我们无法回答能活多少岁这个问题。而步入老年后，主动收入会越来越少。在律师、医生、教师这些职业中，老年人即使有丰富的经验，也很难有足够的精力去变现自己的经验。

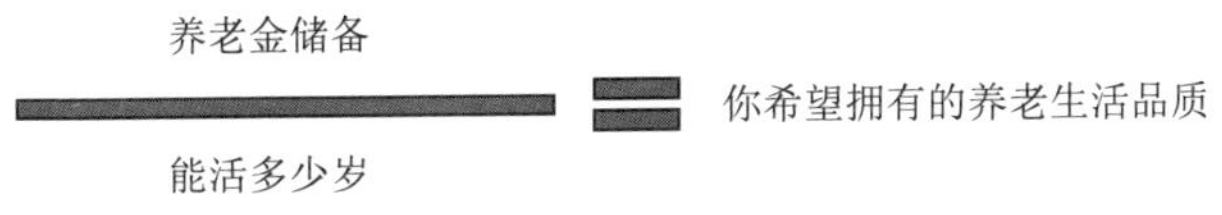

图 3–5　你希望拥有的养老生活品质

变老不是一瞬间的事，而是一个过程，它意味着一系列连续的失去，失去行动力、反应力、免疫力、挣钱的精力、朋友、亲人、存在感。

人的一生中有“两个偶然”和“一个必然”，“两个偶然”是指疾病和意外，“一个必然”是指即使你没有经历“两个偶然”，也一定会遇到的一件事，叫作衰老。当下老年人不得不面对的三个问题中，第一个问题是活得比想象的长（如图 3–6 所示）。

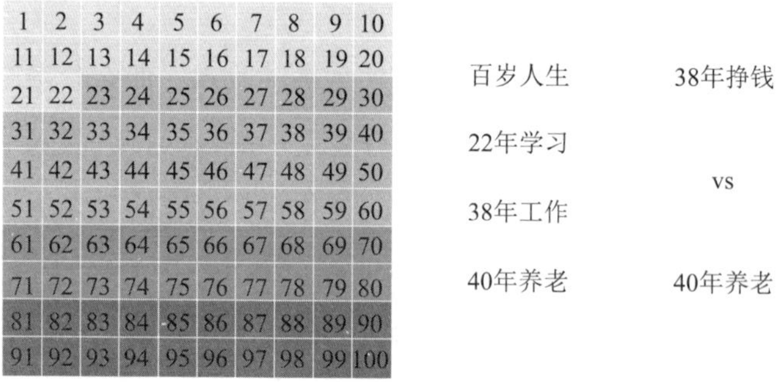

图 3–6　活得比想象的长

人类的寿命随着文明的进步正在变得越来越长。“三十而立，四十不惑，五十知天命，六十耳顺，七十从心所欲”的古训很快会被打破。在过去的 200 年中，人类的平均寿命一直在以平均每 10 年增长 3 岁左右的速度[1]稳步上升。这意味着，如果你现在 20 岁，那么你有 50% 的概率活到 100 岁以上；如果你现在 40 岁，那么你有 50% 的概率活到 95 岁或 95 岁以上；如果你现在 60 岁，那么你有 50% 的概率活到 90 岁或 90 岁以上。我们的寿命将比以往任何历史时期的人类寿命都长。

1　平均寿命又称人口平均预期寿命，中国国家卫生健康委员会发布的《2019 年我国卫生健康事业发展统计公报》的报告中显示，我国居民人均预期寿命由 2017 年的 76.7 岁提高到 77.0 岁。

长寿就像一个天赐的礼物，然而人们往往对这个礼物不知所措。如何适应、应对长寿成了我们不可回避的难题。凡事预则立，不预则废。过去，人的一生可以分成边界非常明显的三个阶段，第一个阶段是上学，第二个阶段是工作，第三个阶段是养老。比如，从 6 岁上小学，到 22 岁大学毕业参加工作，这 16 年就是第一个阶段，人们的大部分时间在学校里度过。开始工作后，到 60 岁退休，这 30 多年就是第二个阶段，人们的大部分时间在单位里度过。退休回家后，栽花种草、闲庭信步的日子是第三个阶段，人们的时间主要在家度过。在“百岁人生”的情况下，70 岁距离 100 岁依然有 30 年，请问这么长的退休生活又该如何度过？人类的寿命被拉长到百岁，传统的学习、工作、退休的节奏就会被打破，人生会不断归零，变成学习、工作、给自己一段空白期、再学习、再工作，循环往复，直到彻底不再工作。人们会有更多选择的机会。一些以往的惯例也会被悄悄打破，比如在二十几岁结婚生子。深圳人口的平均年龄还不到 35 岁，平均结婚年龄却在 32 岁。以前，父母 32 岁时，孩子已经上小学了。不光是因为工作忙，更重要的原因是现代人在选择伴侣这件事上更谨慎了，宁缺毋滥，不想凑合。在可以预见的未来，人类的婚恋时间会更晚。传统婚姻关系中的联结因素也会逐渐被多元化的价值取代。《性与理性》一书说，婚姻是获取性的一种方式，在封闭的地区获取性的成本很高，只有依靠某种大众认可的形式（比如婚姻），但是在开放的地区获取性的成本就很低了，所以大家就不再将婚姻作为获取性的唯一方式了。[1]

在上学、工作、养老那样的三段式人生里，我们可选择的余地很小，但是在多段式的百岁人生里，我们可选择的就很多了。多段式人生带来的巨大的人口流动也是大城市的优势之一。在三段式人生里，我们在一个地方待上几十年，一辈子很快就过去了。可是现在，你要活 100 岁，一生可能要尝试好几份工作，去好多个地方。反正都要换工作和生活的地方，世界这么大，人生这么长，不如先去大城市溜达一圈儿。活得比想象的长，意味着人生的可能性也会更多。有更多的可能性，就有更多的不确定性。

第二个问题是花的比想象的多。

弗兰科·莫迪利安尼[2]认为，当一个人达到财富自由拐点时，就要进行储备和投资理财，为退出劳动力市场做准备。当一个人的养老储备做好了，他就可以退出劳动力市场了。所谓财富自由拐点，是指没有负债和长期的可预期开支（最常见的就是子女教育开支）。例如一个普通家庭，男女双方 25 岁时结婚买房，生育小孩，还房贷 20 年，养育子女 22 年（支付

---

1 理查德·艾伦·波斯纳，美国联邦上诉法院法官，美国芝加哥大学法学院高级讲师，被誉为历史上最具影响力的法学家之一。他是法律经济学的创始人之一，也是历史上文章被引用量最高的法学学者，著有《法律的经济分析》《性与理性》《法律理论的前沿》等著作。

2 弗兰科·莫迪利安尼，意大利籍美国人，首次提出储蓄的生命周期假设。这一假设在有关家庭和企业储蓄的研究中得到广泛应用。1985 年，弗兰科·莫迪利安尼获诺贝尔经济学奖。

费用至本科毕业），正常情况下，他们会在 47 岁左右到达财富自由拐点。之前提到过，我们会活得比自己想象的长，那么我们先简单地算一笔账，看看我们到底需要储备多少养老金（如图 3–7 所示）。

刚性消费×长寿趋势＝超预期的负担

- 假设60岁退休，退休后日常开销5 000元/月，
- 预期寿命100岁，一直维持这个消费水平，需要：

5 000元×12月×40年＝240万元

图 3–7　花的比想象的多

假设退休年龄是 60 岁（美国是 67 岁，可以提早到 62 岁），预期寿命是 100 岁，在社保养老金（显然是不够的）的基础上，每月花费 5 000 元，40 年的时间，总数是 240 万元。但是，这个算法是错误的，因为没有考虑通货膨胀。

如果考虑通胀率（如表 3–2 所示），那么按照每年 4% 算，也要 570 万元。这仅仅是一个人所需要的养老费用，两个人就是 1 140 万元，还不包括疾病护理等费用。一般来说，60 岁退休后，一个月花 5 000 元问题不大，但是到了 80 岁，就算不考虑通货膨胀，饮食费用、护理费用也会有所增加，5 000 元已经解决不了问题了。综上所述，在养老阶段，我们的花销要比我们想象的多得多。

表 3–2 花的比想象的多

通胀率（%）	总支出（万元）
2	362
4	570
6	929

第三个问题最要命，那就是领的比想象的少。[1]

要把这个问题讲清楚，我们首先要看国家的养老现状（如图 3–8 所示）。用十六个字可以形容这种现状，即“急速变老、持续变老、无备而老、未富先老”。因为这种现状，我国的计划生育和养老政策也在频繁变更。口号从“只生一个好，政府来养老；只生一个好，政府帮养老”变成了“养老不能靠政府，延迟退休好，自己来养老”。有网友调侃说，下一个口号会不会是“永不退休好，帮政府养老”。

1949 年到 1978 年年末，中国的生育政策类似苏联的“英雄母亲”模式，那是一个可以任意多生育的时代。据估计，这 30 年里，中国出生人口超过 4 亿。1979 年到 2010 年，中国的生育政策转为“只生一个”。有资料显示，那段时期中国的总

1 本节引用了杨燕绥博士（女，比利时根特大学法学博士，清华大学公共管理学院双聘教授、博士生导师、社会政策研究所所长、就业与社会保障研究中心主任）在养老专题视频《@ 所有人丨清华大学教授杨燕绥：别做被“养老”毁掉的年轻人》的部分内容。

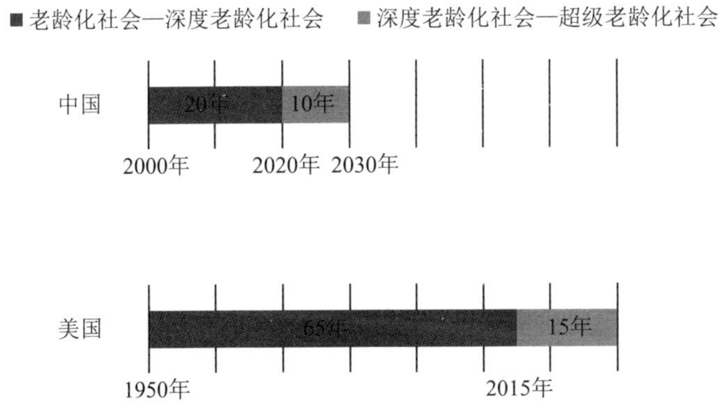

图 3-8　中国与美国的老龄化速度对比图

人口减少了 4 亿多。1949 年出生的人，在我写这本书的时候是 71 岁，早已老去。1978 年出生的人，与改革开放同龄，42 岁，即将老去。2030 年，1980 年出生的人正好 50 岁。2050 年前后，中国老龄人口将达到 4.87 亿左右，我国的人口老龄化将贯穿整个 21 世纪。显然，未来中国的养老问题绝不是一个小问题，它是悬在每个人心头的一把达摩克利斯之剑。衰老无法避免，养老长路漫漫，通货膨胀每一秒都在吞噬着你的财富。

如本书第一章第三节所述，“未富先老”是中国的现状，这已成事实，不可改变（如图 3-9 所示）。

我们再看看社保制度的情况。1935 年，美国在经济危机以后，罗斯福总统的新政颁布了覆盖全民的养老保险制度《社会保障法案》，这是第一个现代养老金制度，后来被各国争相效仿。我国养老保险制度的发展分为三个阶段，1951 年到

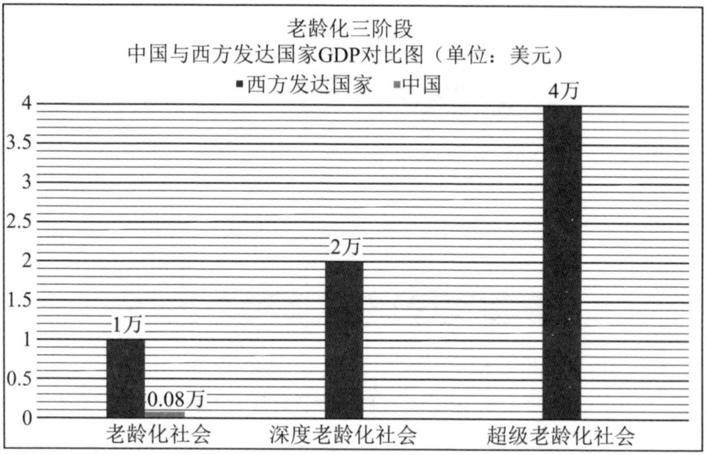

图 3-9　老龄化趋势与人均 GDP 对比

1998 年以前[1]（单位发放退休工资）、1998 年到 2014 年（1998 年开始改革，从单位发放退休工资变为使用社会养老保险）、

1　1998 年以前，我国实行社会统筹与个人账户结合的养老保险制度。按照《国务院关于建立统一的企业职工基本养老保险制度的决定》规定，企业缴纳基本养老保险费的比例一般不得超过企业工资总额的 20%，具体比例由省、自治区、直辖市人民政府确定。少数省、自治区、直辖市因离退休人数较多、养老保险负担过重，企业缴纳确需超过企业工资总额 20% 的，应报劳动部、财政部审批。个人缴纳基本养老保险费（以下简称个人缴费）的比例，1997 年不得低于本人缴费工资的 4%，1998 年起每两年提高 1 个百分点，最终达到本人缴费工资的 8%。有条件的地区和工资增长较快的年份，个人缴费比例提高的速度应适当加快。按本人缴费工资 11% 的数额为职工建立基本养老保险个人账户，个人缴费全部记入个人账户，其余部分从企业缴费中划入。随着个人缴费比例的提高，企业划入的部分要逐步降至 3%。个人账户储存额，每年参考银行同期存款利率计算利息。个人账户储存额只用于职工养老，不得提前支取。职工调动工作时，个人账户全部随同转移。职工或退休人员死亡，个人账户中的个人缴费部分可以继承。

2014年以后（机关事业单位也施行养老保险制度，“双轨制”正式结束[1]）。但是，由于我国地域发展不均衡，人口呈现倒金字塔结构，以及国人的寿命不断增长，我国社保统筹基金的压力极大。未来30年，制度赡养率即将加倍。[2]在企业缴费率为16%的情况下，根据制度内参保人数、缴费人数和离退休人数，可以得到两个不同概念的制度赡养率。规定制度内离退休人数与参保人数的比率为“参保赡养率”，制度内离退休人数与缴费人数的比率为“缴费赡养率”。2019年的参保赡养率和缴费赡养率分别为37.7%和47.0%，预测显示，两者将从2023年开始一路平稳上升，2043年后有加速迹象，2050年分

1 机关事业单位养老保险制度改革是从2014年10月1日开始的。《关于机关事业单位工作人员养老保险制度改革的决定》第十二条：“加强组织领导。改革机关事业单位工作人员养老保险制度，直接关系广大机关事业单位工作人员的切身利益，是一项涉及面广、政策性强的工作。各地区、各部门要充分认识改革工作的重大意义，切实加强领导，精心组织实施，向机关事业单位工作人员和社会各界准确解读改革的目标和政策，正确引导舆论，确保此项改革顺利进行。各地区、各部门要按照本决定制定具体的实施意见和办法，报人力资源社会保障部、财政部备案后实施。人力资源社会保障部要会同有关部门制定贯彻本决定的实施意见，加强对改革工作的协调和指导，及时研究解决改革中遇到的问题，确保本决定的贯彻实施。本决定自2014年10月1日起实施，已有规定与本决定不一致的，按照本决定执行。”为了灵活实施此项政策，机关事业单位实行“老人老办法、新人新制度、中人逐步过渡”的办法，即对改革前已退休的“老人”，维持原待遇不变，并参加今后的待遇调整；对改革后参加工作的“新人”，将来退休时的基本养老金为基础养老金与个人账户养老金两部分之和；对改革前参加工作、改革后退休的“中人”，由于改革前的工作年限里没有实行个人缴费，其退休时的个人账户储存额中没有体现这段时间的劳动贡献，因此将这段时间确定为“视同缴费年限”，在发给基础养老金和个人账户养老金的同时，再依据视同缴费年限长短等因素发给过渡性养老金。

2 参见《中国养老金精算报告2019—2050》。

别达到 81.8% 和 96.3%（如图 3–10 所示）。从制度赡养率上看（不考虑人均待遇的提高），城镇企业职工基本养老保险的支付压力在不断攀升。简单地说，2019 年，接近 2 个缴费者赡养 1 个离退休者，到了 2050 年，几乎 1 个缴费者就需要赡养 1 个离退休者了。

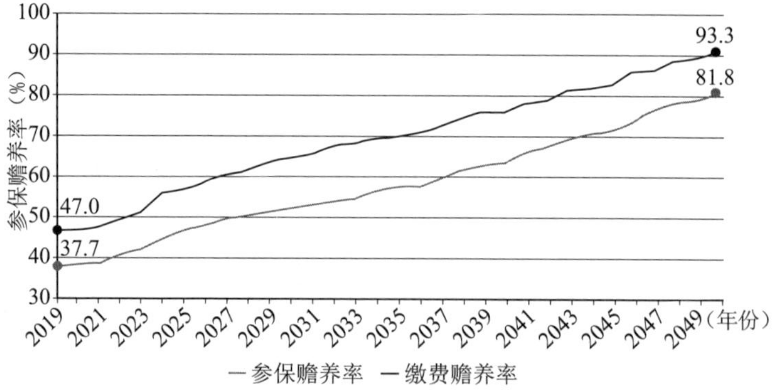

图 3–10　2019—2050 年全国企业职工基本养老保险制度赡养率变化

预测显示，2019—2050 年，全国城镇企业职工基本养老保险基金当期结余只能勉强维持几年的正数，之后将开始加速跳水，赤字规模越来越大。具体来看，2019 年当期结余总额为 1 062.9 亿元，短暂地增长到 2022 年，从 2023 年开始下降，到 2028 年首次出现负数，为 –1 181.3 亿元，到 2050 年降至 –11.28 万亿元。其实，上述当期结余是在“大口径”（指包括财政补助）情况下测算得出的。如果不考虑财政补助，在“小口径”情况下，当期结余在 2019 年就已经是负值了，而且将会下降得更快，预计到 2050 年为 –16.73 万亿元。可见，尽管财政补助为缩小当期收入缺口贡献巨大（2050 年贡献了 32.6%），但是难以扭转当期结余的变化趋势（如图 1–2 所示）。

全国企业职工基本养老保险基金累计结余将于 2027 年达到峰值，于 2035 年在“大口径”情况下被耗尽。预测显示，2019 年累计结余总额约为 4.26 万亿元，此后持续增长，到 2027 年达到峰值约 6.99 万亿元，然后开始迅速下降，直至 2035 年被耗尽。累计结余占 GDP 比例的变化趋势与累计结余总额的变化趋势基本一致，但要温和一些，2019 年这一比例为 4.4%，2024 年达到峰值 4.9%，2035 年归零（如图 3–11 所示）。

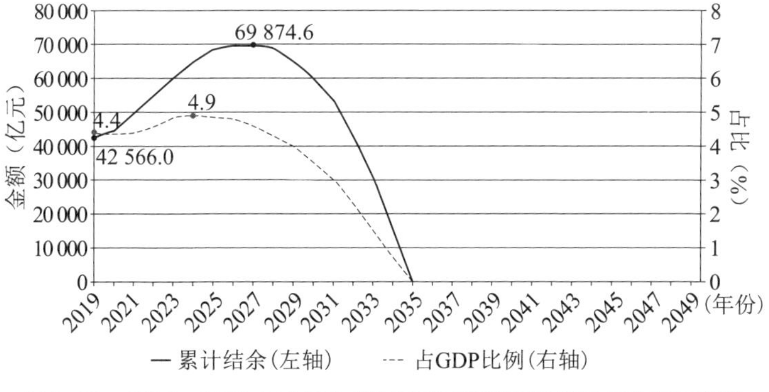

图 3–11　2019—2050 年全国企业职工基本养老保险基金累计结余预测

表 3–3 显示了我国的养老金替代率情况。

表 3–3　中国的养老金替代率情况

个人	工资 / 社会平均工资（倍）	现阶段工资（元 / 月）	实际基本养老金（元 / 月）	实际替代率（%）	理想替代率（%）	理想养老金（元 / 月）	实际缺口（元 / 月）
A	1	4 672	2 369.61	50.71	65	3 037	667
B	3	14 016	5 707.23	40.70	65	9 110	3 403
C	5	23 360	5 707.23	24.40	65	15 184	9 477
D	10	46 720	5 707.23	12.20	65	30 368	24 661
E	15	70 080	5 707.23	8.10	65	45 552	39 845

由于企业和职工缴纳的社会养老保险 92% 都要划归统筹账户，因此退休前收入差距很大的人退休后的收入差距会变得很小。“由俭入奢易，由奢入俭难”，退休前收入越高的人，退休后的生活落差越大。在长寿时代，拥有生命力和只是活着是两回事。生活经历越丰富、生活品质越高的人，越应该提前规划养老生活。

在“活的时间比想象的长”“花的比想象的多”“领的比想象的少”这些情况下，常用的养老方式有以下几种，即子女赡养、储蓄养老、以房养老和商业养老年金保险。当然以上四种方法还是以社保为基础的，但是，光有社保是远远不够的。

由于婴儿潮时期人口猛增，推行计划生育政策时期出生率锐降，因此我国目前的社会家庭结构是“8421 型”的（如图 3–12 所示）。

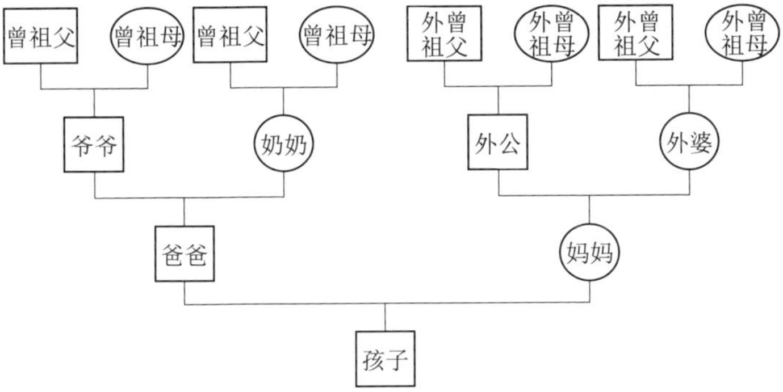

图 3–12 “8421 型”的家庭结构

子女的压力本来就不小，就算能够尽到赡养义务，也很难保证父母可以达到他们心中理想的生活状态。父母的高标准无疑会给自己的子女增加巨大压力。并不是每个家庭培养出的子女都能在社会上取得丰厚的收入，并且可以将收入用于赡养父母。关于“孝”，清朝王永彬的《围炉夜话》中有这样一句话：“淫字论事不论心，论心千古无完人，孝字论心不论事，论事万年无孝子。”这句话的意思是，如果只是心里对异性有性的渴求，行动上并未超越法律与道德的界线，就不能算淫，否则社会上就没有好人了，法不诛心，只看其行；能够从心里顺应父母就是孝顺，具体的孝行要在子女的能力范围内，每个人能力不一样，不用去攀比，不然就很难有称得上孝顺的人了。

我们再看看储蓄养老方面的情况。个人账户记账规模2019年高达7.65万亿元，占累计结余比例为179.7%，此后将先短暂下降，再不断上升，预计2028年升至222.6%。个人账户记账规模占GDP比例2019年为8.0%，预计2028年升至9.3%。个人账户记账规模占GDP比例虽然一直在增长，但是增长趋势在放缓（如图3–13所示）。

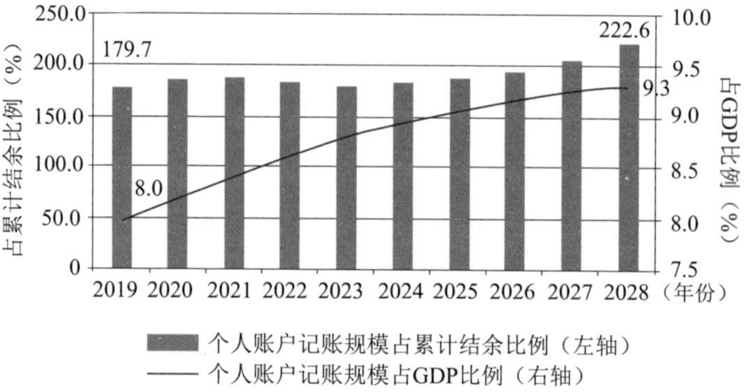

图3–13　2019—2028年全国个人账户记账规模占累计结余和GDP的比例

在日本，每4个人里就有1个是65岁以上的老人，养老问题也是日本的社会问题。日本将退休年龄再次延长至70岁，这导致无数老人为了生计，还要继续工作。在中国，360趋势（大数据分享平台）发布的养老大数据报告显示，有超过四成的老年人仍在为养老工作，仅有 24.74% 的老年人依赖子女赡养养老。在参与统计的子女中，高达 50.31% 的人称未给父母养老钱。忙碌了一辈子，退休养老是每个人的期望，可现实却让人扎心。据统计，截至 2017 年，我国 60 岁及以上老人数量为 2.41 亿，老年在业人口高达 1 亿以上。中国的老龄化程度如图 3-14 所示。

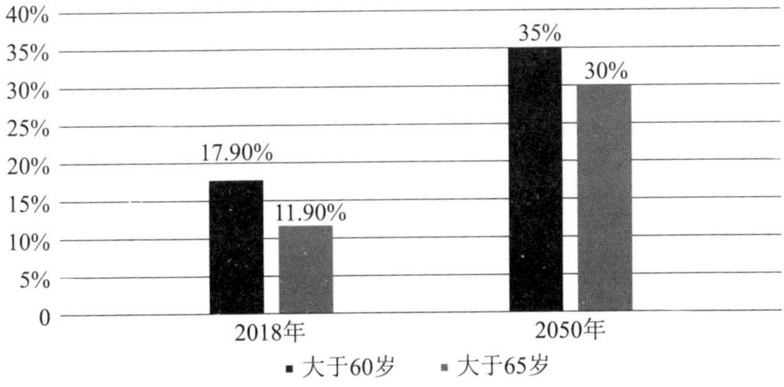

图 3-14　中国的老龄人口占总人口比例

不仅在日本和韩国的餐厅、机场中，在我国的机场和高铁站中，大多数保洁人员也都是老年人，因为这份工作的危险系数低，老年人可以从事。为什么他们在本该安享晚年的时候却要做这些工作？原因或许是家庭亲属的牵绊，但更有可能是自己的养老金不够花了。靠存款养老的人有两个问题需要面对，一是存款利率越来越低，未来某天变成零利率了怎么办？二是不清楚自己能活多久，年纪越大，生活越不能自理，开销会随着年龄增长越来越大。[1]

2020 年 3 月 3 日，美联储大幅降息，联邦基础利率下调 50 个基点。此次是 2008 年以来的首次“非常规降息”。随着美联储降息，全球新一轮降息潮已经箭在弦上。与此同时，美国 10 年期国债收益率首次跌破 1%。2019 年 9 月 12 日晚，欧洲央行宣布下调存款利率 10 个基点。此为欧洲央行自 2016 年以来的首次降息，也是继 2012 年欧洲央行执行零利率，2014 年首次出现负利率后的第三次利率破纪录下降。负利率包括负利率政策、负存贷款利率和负债券利率三方面。以存贷款利率为例，在负利率的情况下，储户在银行存钱，相当于要给银行交手续费。反之，人们从银行贷款，需要还的钱比贷出来的还要少。负利率政策在 2008 年金融危机以前，只存在于理论讨论中。2008 年，次贷危机引发金融危机，并蔓延至全世界，多国央行都将利率降至零。在负利率政策下，金融机构如

---

1 《老后破产：所谓“长寿”的噩梦》是 NHK（日本放送协会）特别节目录制组有关日本老龄化问题的系列采访过程全记录，也是已经有良好口碑的丛书“译文纪实”系列的第 28 本。NHK 特别节目录制组以“金钱问题”为主轴，揭露“老后破产”在居住、生活、医疗、人际关系等方面对人们产生的各种影响。在采访对象中，建筑公司的老板娘在独子过劳死、丈夫病逝之后顿失依靠，有病痛不敢看病，只求节省开销；宠物店老板关掉店铺专心护理重病的母亲，送走母亲后却无法再次就业，只能卖掉与母亲共同生活的房子以维持生计；中年失业的子女，仰赖双亲的养老金过活，最后却两代人共同破产。案例中的每一位老人，年轻时都与你我一样认真工作，做好了退休后的储蓄计划，却从没想过老后生活如此孤独辛苦，甚至失去求生欲望。“老后破产”在日本是热门话题，中国已经进入老龄化社会，如何养老也成为避不开的话题。有存款，有房子，有年金，为什么还会“老后破产”？长寿，这个幸福社会的象征，将成为压垮老年人的最后一根稻草。

果想要将过剩储备存放在央行，就必须缴纳利息。相当于央行对持有现金的金融机构进行罚款，迫使它们将这些现金用于放款。负利率政策的另外一个好处是可以降低本国货币的汇率，提升出口竞争力。不过，负利率也会对整体收益率造成下行压力，压缩金融机构的利润空间。在2020年的全球降息潮中，有近30个经济体相继宣布降息。丹麦是第一个实行负利率的国家（2012年7月）。2019年8月5日，丹麦第三大银行日德兰银行推出了世界首款负利率贷款产品，房贷利率为–0.5%。瑞士银行宣布将对50万欧元以上的存款征收年费，也就是说，存款也将出现负利率。早在2012年7月，丹麦就开始对7天定期存款实行负利率政策了，只不过是中央银行针对商业银行的举措。德国首次发行了30年期的零息票国债，也就是说，如果一位投资者购买了100万欧元的债券，那么在债券持有期间他将没有任何利息收益，直到30年后收回100万欧元的票面价值。1989年以来，日本一直在努力应对人口老龄化和信贷泡沫的双重影响，日本政府先推出了量化质化宽松货币政策（QQE），允许日本央行购买公司债券和股票，后来又于2016年1月开始实行负利率政策。2019年9月4日，CNBC（美国消费新闻与商业频道）采访了美国联邦储备委员会前主席格林斯潘，93岁高龄的格林斯潘思路依然很清晰，他说：“全球各国都能看到负利率的现象，蔓延至美国只是迟早的事。”荷兰合作银行预测，美联储将在2020年12月前推行零利率政策，届时，在8次降息25个基点之后，联邦基础利率将稳定至 0~0.25%。中国人民银行宣布于 2019 年 9 月 16 日全面下调金融机构存款准备金率 0.5 个百分点（不含财务公司、金融租赁公司和汽车金融公司），并额外对仅在省级行政区域内经营的城市商业银行定向下调存款准备金率 1 个百分点，于 2019 年 10 月 15 日和 2019 年 11 月 15 日分两次实施到位，每次下调 0.5 个百分点。此次降准释放长期资金约 9 000 亿元，其中全面降准释放资金约 8 000 亿元，定向降准释放资金约 1 000 亿元。降准后是否还会降息，是市场关注的焦点之一。

零利率时代越来越近，而我们的寿命越来越长，CPI（消费者物价指数）也一直居高不下。[1] 所以储蓄存款这种养老方式不是最好的选择。

不动产养老有两种方式，一种是收取租金，另外一种是把房子反向抵押给保险公司，也称“以房养老”保险。[2] 随着年纪越来越大，老人手里的养老金应该越来越多（因为年纪越大，需要越好的护理条件，对养老的要求越高，花销越大。如果年纪越大，手里养老的钱反而越少，真的就是悲剧），对养老金的掌控难度应该越来越小（最好不需要任何操作，养

1 消费者物价指数，又名居民消费价格指数，简称 CPI，是反映居民家庭一般所购买的消费品和服务项目价格水平变动情况的宏观经济指标。

2 以房养老是指把房子抵押给保险公司，而不是各种中介公司。在我国，目前仅有一家保险公司（幸福人寿）的住房反向抵押养老保险是经过银保监会批准的，其余所有的保险公司均不具备经营此业务的资格。

老金每月按时到账。没有人拿期货来养老，不然有可能上午还是千万富翁，下午就变成千万“负”翁，因为期货的掌控难度极大)，对养老金的掌控力度要越来越强（如果把养老金以现金的形式放在保险柜里，万一遇到败家子，直接就给你拿走了，到时你只能欲哭无泪)。我们一起考虑一下不动产收租是否符合这三点要求。租金是可以涨的，满足第一点。租金收得回来才叫现金资产，收不回来的叫应收账款。养老需要现金，收租的形式无形中加大了资产的掌控难度。遇到无良租客或断租的情况，就算委托中介代理，也会消耗大量时间。关于掌控力度，我们可以试想一种情况：步入老年的你靠三处商铺的租金过日子。唯一的儿子需要向银行贷款 2 000 万元创业，向你提出用不动产抵押担保的请求，你是答应还是不答应？一旦答应，如果儿子创业失败，银行就会根据抵押协议拍卖商铺以抵偿债务，你的养老金怎么办？如果不答应，亲情就会受到伤害。不动产所有权人拥有占有、使用、处分、收益等权利，正因为如此，这种财产属于“易感染”财产，别人可以打这种财产的主意。人的一生中，不管是朋友还是亲人，总有几个人是你无法拒绝的。一旦这些人向你开口，你就只能硬着头皮帮忙，一旦发生风险，自己的养老金也就砸了。

最后，我们从“年纪越大养老金越多”“掌控难度小”“掌控力度强”三个角度看看商业人寿保险中的年金保险，尤其是养老年金保险。[1]首先，年金保险一般配有万能账户，万能账户是复利计息的，只要提前规划，预留的时间越久，复利的效果就越可观。其次，只要约定好领取方式，年金保险的生存金就会按时到账，操作极其简单。如果选择的是终身型年金险，就可以活多久领多久，拥有与生命等长的现金流。第三，从掌控力度方面来说，普通年金保险和养老年金保险的掌控者均为投保人，生存金领取者为被保险人。养老年金保险一旦开始领取，现金价值就会变为零。如果遇到上文提到的那个想要创业的儿子，你可以告诉他，我的养老年金保险可以每月领 3 万元生存金，但是保单的现金价值为零，无法申请保单贷款，我愿意每月给你 1 万元，支持你创业。相信无论儿子能否创业成功，你心里都不慌，因为你知道你的养老金可以活多久领多久，养老永远有保障，不像商铺，一旦因为债务纠纷被执行，就再也收不到租金了。年金保险是“不易感染”的资产，掌控力度极强。就算遇到你无法拒绝的人，年金保险也可以从条款上杜绝“被感染”。苍蝇不叮无缝的蛋，想要远离苍蝇，就要

1 普通年金保险和养老年金保险有几点不同。普通年金保险缴费 5 年就可以领取第一次生存金，按年领取，保单有现金价值，终身型年金险可以活多久领多久。养老年金保险一般要等到特定的岁数才可以领取生存金，按月领取，一旦开始领取，现金价值就会变为零（现金价值为零表面上看会失去所有流动性，但是面对债务纠纷的时候具有独到的优势，因为债权人申请法院强制执行保单的时候，执行的是保单的现金价值，一旦现金价值为零，就会出现“执行不能”的情况，这样一来就相当于牺牲了流动性，提升了安全性，本来养老年金保险也和生存利益挂钩，因此这样的设计很有前瞻性）。

让蛋没有一条缝隙！

综上所述，以社保为基础，以商业养老年金保险为核心，以不动产出租为辅助，这样的组合是比较全面的养老计划。当然，如果再有子女的孝心就更好了。在物质上，不要强求子女以什么样的标准履行赡养义务，毕竟“孝字论心不论行”。值得一提的是，各家保险公司为了争夺养老年金保险的市场，几乎都推出了年金险产品的配套服务政策，其中最吸引人的无疑是养老社区。泰康人寿的“泰康之家”、中国人寿的“国寿家园”、太平人寿的“梧桐人家”都是与年金险产品配套的养老社区，它们都是集“衣食住行玩”、康养、社交为一体的高级养老社区，只要缴纳的总保费达到一定金额就可以申请入住。

如果“老”是一系列连续的失去，养老当然就应该是一系列连续的获得。失去的行动力我们用护理代替，失去的挣钱能力我们用养老年金保险代替，失去的朋友我们去顶级的养老社区找回来。

关于子女教育那些事儿

十年树木，百年树人。人们在教育上的投入越来越大，本质上是因为教育品质决定了孩子未来的收入水平、经济能力和幸福指数。寒门难出贵子，是今天的社会现状。最好的教育资源是父母的言传身教、家学家风，其次是可以用钱买来的教育资源。在谈论年金保险对于教育资源的保障作用之前，我们先明确几个问题：什么是子女教育？什么是子女教育金？当代教育的困境是什么？

当代社会，人们可以用钱购买好的学习资源，提升学习效率。2017 年北京市的高考文科状元，一个 18 岁的高中毕业生，说过这样一番话："农村地区的孩子越来越难考上好学校。像我这种属于中产阶层家庭的孩子，衣食无忧，家长都是知识分子，还生在北京这种大城市，所以在教育资源上享受得到这些得天独厚的条件，它们是很多外地孩子或农村孩子完全享受不到的。这种东西决定了我在学习方面确实能比他们走更多捷径。"父母对子女进行的引导和帮助包括学业干预、圈层建立、价值观培养等，好的父母不会代替子女取得成功，而会创造最有利于子女成功的条件。

古代发明十大酷刑的"狠角色"们，大概脑洞开到天际，也想不到在几百年后的新时代中，有一个更令人闻风丧胆的"酷刑"正在考验着每一位当了爹妈的人——辅导孩子写作业。网上有一个爸爸瑟瑟发抖地表示，自己得了"恐辅症"[1]，这个词真是精确地描述出了 70 后、80 后父母们的无奈。

有一位家有千金的爸爸在他的朋友圈写了这样一段话："致我未来的亲家：你们的儿媳妇是一位美女，知书达理，身体健康，有车有房，父母都是高级知识分子、行业精英，有保

1 恐辅症，网络流行语，形容父母辅导孩子写作业像"渡劫"，一辅导就情绪失控血压上升的一种当代疾病。

险，请现在把你们的儿媳妇接走，为她辅导作业，毕竟爱要从小开始培养……”

《2017中国家庭教育消费白皮书》显示，中国父母非常舍得在孩子的教育上花钱，教育支出占家庭年支出的50%以上。从幼儿园到大学，为了让孩子不输在起跑线上，一个孩子的教育支出已经成了家庭“不可承受之重”。关键是，有的时候父母付出极多，却得不到一个满意的结果。我想与各位分享一首诗：

你的孩子，其实不是你的孩子，
他们是生命对于自身渴望而诞生的孩子。
他们通过你来到这世界，却非因你而来，
他们在你身边，却并不属于你。
你可以给予他们的是你的爱，却不是你的想法，
因为他们自己有自己的思想。
你可以庇护的是他们的身体，却不是他们的灵魂，
因为他们的灵魂属于明天，
属于你做梦也无法达到的明天。
你可以拼尽全力，变得像他们一样，
却不要让他们变得和你一样，
因为生命不会后退，也不在过去停留。
你是弓，儿女是从你那里射出的箭。
弓箭手望着未来之路上的箭靶，

他用尽力气将你拉开，使他的箭射得又快又远。

怀着快乐的心情，在弓箭手的手里弯曲吧，

因为他爱一路飞翔的箭，也爱无比稳定的弓。

［黎巴嫩］纪伯伦

父母常常会觉得孩子欠自己一句谢谢，而孩子觉得父母欠自己一句对不起。

很多父母会打着爱的旗号对孩子进行占有。比如把自己没实现的梦想寄托在孩子身上，或把孩子当作与人攀比的工具。还有很多母亲试图干涉儿子的婚姻，儿子不让她们干涉，她们还会觉得挺委屈，总认为“我含辛茹苦地把孩子拉扯大、培养好，到头来他却属于另外一个人”。究其原因，是中国的传统文化缺乏人际关系的界限感，中国人不倡导个体拥有独立人格，人人都是庞大社会网络中的一个“环节”，人人都被各种伦理纲常紧紧束缚着。有的人因为这张网，如鱼得水；有的人依赖这张网，不想独立；有的人被人际关系保护着，感觉很安全；还有个别现代意识“强”的人，既想要个人独立，又想要别人支援。缺乏界限感，是中国式亲情关系中家庭成员相互伤害的根本原因。如何破解？纪伯伦在这首诗中写得很清楚，恢复“界限”。其实，能真正读懂纪伯伦这首诗的人少之又少，既能读懂又能真正这样做的人简直是凤毛麟角。诗中那句“他们的灵魂属于明天，属于你做梦也无法到达的明天”听起来很美，因为它暗示了孩子虽然不归你控制，但是会活得比你更好。然而，残酷的现实是，他们只是活得和你不同——也许比你更好，也许还不如你。生下来就比父母小时候健壮聪明的孩子，成长过程中有那么好的物质条件，也有父母倾注的关心和爱护，长大后居然达不到父母的发展高度，这让人很难接受，尤其是对那些一生优秀好强的父母来说更是如此。如果你很在乎别人对你的教育方式和孩子表现的评价或看法，那么养育孩子对你来说就是一场无止境的折磨。其实，父母做什么也保证不了孩子最终能够获得成就和幸福，但父母付出的时间和爱能够让孩子拥有十几年快乐的时光，保证孩子最初的记忆是温暖的，保证他们在未来不确定的世界里内心总有一些确定——对我从何而来、我该干什么、我该怎么干的确定，这就足够了。在中华传统文化和道德观、价值观的熏陶下，我们潜意识里总是默认父母和孩子之间的关系应该是父母无条件地爱孩子并为其无偿付出，孩子理所应当地孝顺父母，回报他们。一旦有人跳出这样的关系模式，做出不爱孩子或不孝顺父母的事，就会受到社会舆论的谴责。从感性的角度看，这样的谴责没有错，但从理性的角度看，它并不公平。60 后和 70 后的人大多数有兄弟姐妹，大家心里都明白，父母并不能“一碗水端平”。资源有限时，父母的爱也有深浅轻重之别，比如家里大的让小的，老实的吃亏，聪明的占便宜，女孩被轻视，男孩受重视，甚至没有理由，某个孩子就是姥姥不疼舅舅不爱的那一个。小时候不公平，长大后兄弟姐妹之间仍然不公平。被偏爱的孩子享受更多资源，自然更容易成功，父母以他们为荣。而留在家乡、亲力亲为照顾父母的孩子，却被埋怨没出息。即使这些孩子明白应该孝顺父母，也不免难过，为什么受伤的总是我？同样受伤的还有80后和90后的独生子女，他们是父母的掌中宝，一方面倍受宠爱，一方面压力极大。家人的爱像疯长的藤蔓，将他们牢牢缠绕起来。想要离开家乡去大城市闯荡，是不孝顺；这么大了还不结婚生孩子，是不孝顺；假期不回家总想着出去玩儿，还是不孝顺。不孝的帽子狠狠扣下来，让人苦不堪言。孩子和父母应该是平等的，两者并不存在相互亏欠。我们选择爱自己的孩子，就要自愿为他付出，而不是希望他今后因为现在的养育之恩回报我们。也许有一天，他变坏了，发脾气，顶撞我们，我们可以选择不继续爱他，但我们不能这样选择，因为我们要对这个由我们带到世界上的孩子负责。一个用爱教育的孩子，自然会爱世界、爱生活，也会爱我们。他的爱，是因为感恩，而不是义务。

人的典型特征是可塑性和独立性的混合体，人不可能按照某个既定的图纸成长。无条件的爱，是不威胁，不交换。支撑孩子最重要的三根支柱，是拥有无条件的爱、价值感和终身成长的能力。年金保险中的子女教育金，可以让孩子看到父母经过时间沉淀的爱，这份爱是可以伴随孩子一生的现金流。好的父母不会代替子女取得成功，而会创造最有利于子女成功的条件。真正好的教育不是教孩子如何赢得竞争，也不是让孩子完全顺从父母的心意，抹去他们自身的特点，将他们雕刻成长辈期望的样子，让他们过上千篇一律的世人眼里的理想生活。

真正好的教育是让孩子能够努力在有限的人生里，延展出无限的可能。父母提前准备好教育金，能够给孩子一个相对确定的未来。

确定性到底有多么重要？试想，如果你正在热恋中的爱人4月14日过生日，你每月10日发工资，你会不会在10日发完工资以后才去选礼物？现实情况是，绝大多数人至少会提前一个月把礼物准备好。同样的道理，很多人说，当未来某一天孩子教育需要用到钱的时候，我拿得出来就行，没有必要用年金险锁定，但是，实际情况是，如果到时候拿不出来，损失的就是孩子的教育机会，而且这种损失是不可逆的。提前锁定教育金的原因不在于钱，而在于爱的表达。这种表达不是财务上的，而是责任上的。这里我给各位读者分享一个案例。

A先生和B女士因为感情问题准备协议离婚，A先生是一位生意人，B女士是一名空姐。双方协商，B女士抚养8岁的儿子C，A先生每月向B女士支付1万元抚养费。对此，B女士提出了几个问题：孩子留学的学费怎么办？结婚费用怎么办？孩子得病了怎么办？

A：好办，这三种情况都我来出钱。

B：万一到时候你拿不出钱怎么办？

A：不可能。

B：谁敢百分之百保证？你到时候说没钱，难道我还要根据这个离婚协议找你打官司？要知道，这些都是急用的钱。

A：那你要怎么办？

B：把钱给我。再给我 200 万元，我把这些钱存起来专款专用。

A：我不信你，你花了我也拿你没办法。你凭什么要我放心？

B：……

律师：要不这样吧，你们拟定一个健康险保障计划，配置重疾险和健康医疗险，解决孩子的重大疾病问题，再买一份年金险，解决孩子的教育金和婚嫁金需求。

A：为什么要这样做？

律师：除了这样，怎么能保证你到时候一定拿得出这笔钱呢？保险的作用就是可以提供解决特定问题的现金保障。因为你们不相信对方，所以把钱交给第三方，并以契约的形式锁定是最好的方法。

A：那我来买。

律师：你买不合适。因为一旦投保人负债，年金保险的现金价值是可以被债权人强制执行的，你经商，债务风险大。

A：那孩子他妈买的话，我也不放心，万一她给我退了咋办？

律师：你们的婚内财产中不是有两套住宅吗？我建议你们

留一套不分割，出租，房产证上继续保留你们两个人的名字。如果在孩子婚嫁以前，女方因与孩子无关的事项动用了这几份保险的利益，那么这套房子归男方。如果男方不给钱让女方续缴保费，那么房子归女方。你们二位觉得这样行吗？

A、B：同意！

有时候，一份协议、一种金融工具，能让孩子的未来豁然开朗。多年以后，孩子不会要求父母对自己说对不起，因为那份泛黄的保单承载着父母对自己深沉的爱，尽管这份爱可能会受限于父母自身的格局和境遇。但是爱应该受到最高的尊重！父母之爱子，则为之计深远。

| 第三节 |

如何选购年金险？

有关 IRR（内部收益率）的问题，我们只需要记住一点：学会它，就能计算复杂现金流情况下的投资收益率。第一题：把 10 万元存进银行，一年后可以取出 10.24 万元，请问年收益率是多少？这道题很简单，小学生都能算出来，答案是 2.4%。第二题：每月存 2 万元，连续存 5 个月，一共存 10 万元，第 6 个月到第 11 个月每月取出 5 000 元，第 12 个月的月末一次性取出 7.24 万元，请问年收益率是多少？两个问题都是一共存了 10 万元，也都是取出来 10.24 万元，差别在于资金流入和流出的时间不同。第一题只有一进一出，是简单现金流问题，所以很好计算。第二题则是反复的进进出出，是复杂现金流问题。计算第二种情况下的收益率，就是求 IRR。

第二题可以用 Excel 电子表格计算，两分钟就能搞定，具体步骤如下：

①在 Excel 电子表格中，逐月列出流出和流入的现金金额

②流出记为负，流入记为正（如果某一期没有现金流，记为 0）

③将每个月的流出金额和流入金额相加，得到当月净现金流

④在当月净现金流末尾输入公式“=IRR”，选取数据进行运算，求出 IRR=0.298%

但是请注意，这时算出的是月收益率，转化为年收益率应该是 0.298%×12=3.575%。多说一句，如果这道题不是以月为单位，而是以年为单位，它描述的情况就很像标准的年金险了。不管保险公司怎么折腾领取方式，只要老老实实把每年的现金流列出来并加以计算，就能准确地算出任意年度的 IRR（如表 3–4 所示）。

表 3–4　年金险的 IRR（单位：元）

月	现金流出	现金流入	净现金流
1	–20 000	0	–20 000
2	–20 000	0	–20 000
3	–20 000	0	–20 000
4	–20 000	0	–20 000
5	–20 000	0	–20 000
6	0	5 000	5 000
7	0	5 000	5 000

续表

月	现金流出	现金流入	净现金流
8	0	5 000	5 000
9	0	5 000	5 000
10	0	5 000	5 000
11	0	5 000	5 000
12	0	72 400	72 400
		月 IRR	0.298%
		年 IRR	3.575

看完之后，是不是觉得自己以前奔着增值买年金险，把自己坑哭了？必须说明的是，我国绝大多数保险公司推出的年金险 IRR 都不会超过 3%。因此，本书提醒各位读者，如果你购买年金险是为了增值，那么必须有复利账户（一般是万能账户）做支撑，而且要存至少 20 年。

收益，是你购买年金险时最不需要看重的，年金险的价值在于分离所有权和受益权，在你需要用钱（比如养老、子女教育）和发生财务风险（比如涉税风险、债务风险）的时候能为你提供保障。因此，我在前文中才会提到“不要让最有可能成为债务人的人及其配偶当以资产隔离为目的的年金险的投保人”。年金险能够以契约的形式让你看到未来的财富，它是保障财富安全最好的工具。

第四章

终身寿险：家庭资产配置的重要方式

终身寿险是指不定期的死亡保险。保险合同订立后，被保险人无论何时死亡，保险人均应给付保险金。只要被保险人按期缴纳保费，保险人就无权拒绝续保。前文提到过，定期寿险的主要功能是提高被保险人在保障期内的身价，提升其承担责任的能力。对于一般人来说，挣钱的黄金阶段为 25 周岁到 55 周岁。这 30 年是从负债到还清负债的 30 年，提高身价是很有必要的。定期寿险一旦到期，如果被保险人还活着，保费基本上就会被消耗掉。而终身寿险是终身锁定身价，两者意义不完全一样。本章将对此进行解读。

| 第一节 |

长远打算，延长经济生命

如图 4–1 所示，横轴代表时间，纵轴代表收入。人们会不断地工作挣钱，积蓄达到一定量以后，主动收入模式就会慢慢变为被动收入模式。图中斜线部分的面积是时间乘以收入得到的财富总量。这幅图表现的是财富二元模型。那么问题来了，一个人能活多久是不确定的，未来能挣多少钱也不确定，资本市场会发生黑天鹅事件，人也有可能生病或发生意外，因此斜线部分的面积是不确定的。想象一下，一个世界中有两个“你”，其中一个“你”有一份保额为 1 亿元的终身寿险，另外一个“你”没有，如果其他条件一样，那么从财富二元模型的角度看，两个“你”有什么不同？有终身寿险的“你”的未来收入是可期待的，而另外一个“你”的未来收入是不可期待的。“可期待”对于同一个世界中的两个“你”到底有多重要？本书举两个例子说明。

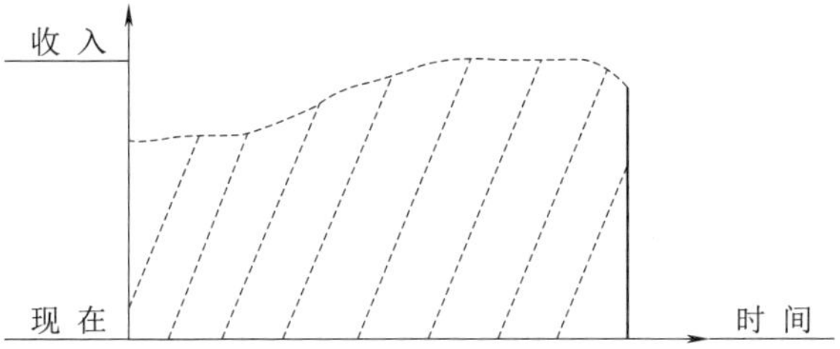

图 4-1 财富二元模型

在 2020 年新冠肺炎疫情期间，“吹哨人”李文亮医生不幸感染新冠肺炎，经抢救无效离世。武汉市人力资源和社会保障局将其认定为工伤。[1] 据核算，李文亮医生的工伤保险赔付如下：一次性工亡补助金 78.502 万元、丧葬补助金 3.683 4 万元。除了社保，多家保险公司也纷纷启动了快速理赔通道，经粗略估计，如果各家保险公司的赔付全部到账，那么总金额将为 1 000 余万元。

35 岁的李医生，正是承担人生责任的时候。在保险事故

1 根据《工伤保险条例》及《人力资源社会保障部财政部国家卫生健康委关于因履行工作职责感染新型冠状病毒肺炎的医护及相关工作人员有关保障问题的通知》（人社部函〔2020〕11 号），武汉市人社局做出武人社工险决字（2020）第 010001 号《认定工伤决定书》，认定李文亮作为医护人员在抗击新型冠状病毒感染肺炎疫情工作中不幸感染并经抢救无效去世，属于《工伤保险条例》第十四条第（一）项规定的“在工作时间和工作场所内，因工作原因受到事故伤害的”情形，认定为工伤。

发生时，保额决定理赔的金额，虽然不能挽救生命，但是可以延长经济生命。

另一个是好莱坞的案例。据英国媒体报道，好莱坞著名演员保罗·沃克在前往慈善活动现场的路上遭遇车祸身亡的事故赔偿，成为好莱坞历史上金额最大的一次保险索赔。有消息称，这次事故的赔偿金额将达到 5 000 万美元。《速度与激情》系列电影以后的新片中都不会再有保罗的身影，这对影迷来说是莫大的遗憾，但是 5 000 万美元相当于保罗拍好几部电影的片酬。

我们再看几个法律实务中的理赔案例。

1. 李某加班后驾车回家，由于车速过快撞到了正常行走的张某，李某立刻将张某送至医院，张某经抢救无效死亡。经交警部门认定，李某为事故责任方，需要承担此次事故的全部责任。张某今年 30 岁，是某网络公司的员工，每月领取固定工资 6 000 元，女儿 2 岁，父母均为 70 岁。李某购买了机动车辆第三者责任险（保额为 50 万元）、机动车交通事故责任强制保险。李某需要向张某家属支付以下费用（如表 4–1 所示）：

表 4–1　李某需要向张某家属支付费用明细

赔偿项目	赔偿金额
医疗费	医疗机构出具的医药费、治疗费等收款凭证所载费用之和

续表

赔偿项目	赔偿金额
丧葬费	5 393 元 ×6 月 =32 358 元 （2018 年成都市城镇全部单位就业人员平均工资为 64 717 元 / 年，即 5 393 元 / 月）
交通费	正式票据所载实际交通费用之和（包括张某及其必要的陪护人员因就医或转院治疗实际发生的交通费用，票据所载事项应与实际就医地点、时间、人数、次数相吻合）
死亡赔偿金	33 216 元 ×20 年 =664 320 元
被扶养人生活费	女儿：23 484 元 ×（18 岁 –2 岁）=375 733 元 父母:23 484 元 ×{20 年 –（75 岁 –60 岁）}÷2×0.5= 29 355 元[1]
精神抚慰金	酌情赔偿
总计	约 1 101 766 元

保险公司及社保单位支付共计 66 万元，剩余 441 766 元需张某自行承担。

1 《最高人民法院关于审理人身损害赔偿案件适用法律若干问题的解释》第二十八条 被扶养人生活费根据扶养人丧失劳动能力程度，按照受诉法院所在地上一年度城镇居民人均消费性支出和农村居民人均年生活消费支出标准计算。被扶养人为未成年人的，计算至十八周岁；被扶养人无劳动能力又无其他生活来源的，计算二十年。但六十周岁以上的，年龄每增加一岁减少一年；七十五周岁以上的，按五年计算。被扶养人是指受害人依法应当承担扶养义务的未成年人或者丧失劳动能力又无其他生活来源的成年近亲属。被扶养人还有其他扶养人的，赔偿义务人只赔偿受害人依法应当负担的部分。被扶养人有数人的，年赔偿总额累计不超过上一年度城镇居民人均消费性支出额或者农村居民人均年生活消费支出额。

2. 张先生，2007 年 4 月取得爆破员资格证书，月工资 5 000 元。张先生一家五口，妻子李女士在私企工作，女儿 5 岁，父母在老家靠低保生活。某日，张先生被公司指派完成爆破任务，在处理完第八孔爆破大约 5 分钟后，他来到第九孔处接起爆线，此时，他头顶上方约 7 米处的一块重约 100 公斤的石头坠落下来。张先生被砸中后脑，当场死亡。按照工伤赔偿标准，张先生家属将获得下列赔偿（如表 4–2 所示）：

表 4–2　张先生家属获得赔偿明细

工伤赔偿项目名称及金额	
名称	金额
医疗费	医疗机构出具的医药费、治疗费等收款凭证所载费用之和
一次性工亡补贴	33 216 元 ×20 年 =664 320 元
丧葬补助金	5 393 元 ×6 月 =32 358 元
供养亲属抚恤金	配偶：5 000 元 ×40%=2 000 元 / 月 其他亲属：5 000 元 ×30%=1 500 元 / 人 / 月
总计	约 696 678 元

以上几个案例，有英雄，也有普通人，值得庆幸的是，他们都有保险赔付。如果某人在没有保障的情况下，因为疾病或者意外死亡，那么可以想象，他的家人将面临什么样的境遇。李医生有担当，是英雄，他是站在聚光灯下的。然而，灯光照不到的芸芸众生会怎样呢？一条命，赔多少钱？目前在我

国，人因工伤或意外死亡，赔付金额是可以精准地算出来的，尤其是交通事故，要看身故人是农村户口还是城市户口，算法不一样，同命不同价（我国的司法实践已经开始关注这个问题，个别省市已经开始试点，按照统一标准进行交通事故的身故赔付）。

保额等于资产。定期寿险的意义在于增加你在主动收入模式下的抗风险能力，比如在上文列举的交通事故和工伤事故中，当事人的收入模式都是主动收入模式，一旦人死了，钱就没有了。如果你打算在人生的 20 岁到 60 岁工作，那么可以配置一份保障期间为 40 年、保额为 500 万元左右的定期寿险（保额要基本覆盖你预计可能发生的子女教育开支、父母赡养费用以及各类长期贷款），它可以在你遇到疾病或者意外死亡的情况下，延长你的经济生命。如果你在 20 岁到 60 岁这 40 年中没有发生保险事故，那么 60 岁以后你的身价会降低（但是此时你需要承担的家庭责任已经大幅减轻了）。

终身寿险可以锁定财富二元模型中的未来收入，让未来收入变得可期待，这是定期寿险做不到的。终身寿险的作用不是延长保障期间的经济生命，而是直接以契约的形式锁定未来收入的下限。有一个故事说，一对青年情侣在路过一家品牌手表店的时候，女方觉得有一块售价 5 万元的手表很漂亮，就和男方一起看，看了 3 小时，男方也没说要买，女方很生气，对男方说："你为什么不给我买？" 男方回答："真正爱你的人不一定是愿意为你花钱的人，而是愿意花时间陪你的人。”故事暂时告一段落。“真正爱你的人不一定是愿意为你花钱的人，而是愿意花时间陪你的人”这句话没有一点儿问题，但是不是每个人都有资格说这句话？如果男方的时间很值钱，那么他说这句话就极富浪漫色彩。如果是一个月收入5 000元的小青年说这句话，就有点儿尴尬了。你的时间本身不值钱，何来“愿意花时间陪你”这一说？我们继续讲这个故事，在婚礼的现场，男方如果有保额足够高的终身寿险（假设保额为1亿元），他就可以当着满堂宾客的面对新婚妻子说：“我生是你的人，死是你的钱。我这辈子努力挣钱，认真拼搏，争取成为亿万富翁。就算我没有成为亿万富翁，我们的下一代也一定是亿万富翁。”讲完之后，拿出保单，告诉所有人：“我可以做到。”这个婚礼必将成为经典。很多时候，人们总是去思考一句话对不对，但是从来不思考自己有没有资格讲这句话。同样一句话，成功人士说叫经验分享，领导说叫训勉，你说可能就叫拉家常。这是一个很现实的问题。终身寿险的作用之一就是“赋予你承诺的资格”，因为你未来的收入下限已经被保额锁定，所以在保额范围内的所有承诺，你都可以做到。至于上限，就“海阔凭鱼跃，天高任鸟飞”了。收入的上限取决于你的专业、机遇、格局、勤勉程度，甚至和世界的各种发展趋势相关，这就不是本书能探讨清楚的了。

| 第二节 |

资信证明，财富新贵的身份证

我们在与银行签订贷款协议的时候，银行会要求我们购买一份“借意险”，它的全称是“借款意外险”。这份保险的被保险人是贷款人，受益人是银行。去银行贷款的时候，我们需要提供征信报告。[1] 征信报告的本质是信用。一份高保额的终身寿险，可以优化我们的资信证明。[2]

1 征信报告分为个人信用报告和企业信用报告，是由中国人民银行征信中心出具的记载个人或企业信用信息的记录，用于查询个人或企业的社会信用。个人信用报告分为三个部分，分别是个人基本信息、信用交易信息、其他信息。2019 年 5 月，新版个人征信系统正式面世，征信信息的时长及精细程度将进一步提升。2020 年 1 月 19 日，二代征信系统正式上线。

2 资信证明业务指银行接受客户申请，在银行记录资料的范围内，通过对客户的资金运动记录及相关信息的收集整理，以对外出具资信证明函件的形式，证明客户信誉状况的一种咨询见证类中间业务。

在一个并购案例中，A 公司要收购 B 公司 67% 的股权，A 公司委托律师甲去做尽职调查的时候，发现 B 公司最大的股东乙（同时也是 B 公司的总经理）有一份保额为 9 000 万元的终身寿险。这份保额为 9 000 万元的终身寿险意味着什么？甲律师指出，它至少可以证明乙的身体条件和个人净资产情况。保险公司在接受客户投保的时候，是需要进行核保的。一般来说，健康医疗险是“宽进严赔”，指保险公司在承保的时候要求很宽松，由投保人提交简单资料即可，理赔的时候再核实各项费用、特殊疾病的情况、投保人是否履行了如实告知义务等。重疾险是“严进严赔”，一般保额在 40 万元到 100 万元之间的重疾险产品是有免体检额度的（每家保险公司会根据不同地区的经济条件和理赔数据调整免体检额度），投保人只要告知基本事项即可，保险公司会随机抽样进行体检。理赔的时候，保险公司会再次核实各方面情况。终身寿险的核保规则类似于重疾险。超高保额的重疾险和终身寿险，有非常严格的核保标准，因为只要保额够高，就存在极大的逆选择风险。原则上，在保险公司不支持的情况下，自然人是无法购买超高保额的重疾险和终身寿险的。保险公司要承保，需要通过管理部门的层层审批。保险公司对这种保单的审核极其严格。首先，要确保被保险人身体条件过关，这个环节涉及上百个体检指标及家族遗传病检测。其次，要确保投保人的资产来源合法，保险公司会去客户公司，调取客户的收入及税务资料，评估客户的收入是否合法。再次，还要进一步进行收入评估，确保客户有持续缴费的能力。最后，核实个人净资产情况（为了降低客户逆选择的风险，比如客户在投保后自杀等[1]），确保被保险人的个人净资产不低于保额。保险公司认为，如果客户的净资产高于保额，那么客户的逆选择风险会小很多。保险公司出于慎重，会在核实个人净资产情况时把客户的不动产等资产的价值压低不少。以上就是超高保额的重疾险和终身寿险的核保流程。

回到上文的并购案例，B公司的股东乙可以投保超高保额的终身寿险，证明B公司的经营情况不差，乙拥有良好的身体条件，且个人净资产至少不低于保额。那么并购完成以后，如果乙要求继续出任B公司的总经理，至少在乙的身体条件上，新股东是不会有异议的。这起并购后来顺利完成，在复盘的时候，甲律师发现，一份终身寿险的作用真的很大。在未来商业活动契约化、效率化的趋势下，资信证明发挥的作用

1 《中华人民共和国保险法》第四十四条："以被保险人死亡为给付保险金条件的合同，自合同成立或者合同效力恢复之日起二年内，被保险人自杀的，保险人不承担给付保险金的责任，但被保险人自杀时为无民事行为能力人的除外。保险人依照前款规定不承担给付保险金责任的，应当按照合同约定退还保险单的现金价值。"我国法律规定除外责任期限为两年，是因为根据心理学的有关研究，一个人在两年以前产生自杀意图，这一自杀意图能够持续两年并最终付诸实施的可能性是很小的。《中华人民共和国保险法》中的这种规定，既可以避免逆选择风险，也可以最大限度地保障被保险人和受益人的利益。《中华人民共和国保险法》第三十三条："投保人不得为无民事行为能力人投保以死亡为给付保险金条件的人身保险，保险人也不得承保。父母为其未成年子女投保的人身保险，不受前款规定限制。但是，因被保险人死亡给付的保险金总和不得超过国务院保险监督管理机构规定的限额。"

将越来越大。

中国社会是具有乡土性的。中国有5 000年的历史，其中99%的时间都处在农业社会阶段。在那么长的时间里，中国人都在土地的束缚下生活，自然会受到土地的影响。早在先秦时期，商鞅就发明了“照身帖”（这个发明对我国影响十分巨大，是身份证和户口本的前身），从此人们被进一步束缚在土地上，很少迁移。为什么中国农民有聚村而居的习惯？除了安全和建设方面的需要，最大的原因是在土地平等继承的原则下，兄弟可以分别继承祖上的家业，这使人口在一个地区一代一代逐渐积累起来，最终成为村落和部族，这也是很多村子的村民都是同姓的原因。中国社会是熟人社会，人与人的关系并不是基于“对契约的重视，而是发生于对一种行为规范熟悉到不假思索时的可靠性”。[1]了解了中国社会的这些特征以后，让我们一起看看它们对普通人资信证明的影响。

早些年，我国各种非法集资的组织都是在村落中发起的，发起人一般是比较有威望的村长或者族长，具备被“乡土信任”赋予的公信力。同村同族之间，人们相互借款是不需要抵押的，甚至不用打借条。改革开放之后，人们有了传呼机和桑塔纳轿车，后来传呼机升级为“大哥大电话”。再往后，流行的资产配置方式就是买铺面、商品房和写字楼了。今天，又出

1 费孝通:《乡土中国》，人民出版社，2008年。

现了各种其他类型的资产。时代的变迁令资信证明的方式也在慢慢改变。现在，你想申请信用贷款，不需要跟谁同村同姓，只要向银行提交资信证明（一般是公积金、社保、商品房贷款记录、商业保险缴费记录等）就可以了。银行在看过你的征信报告以后，自然会给你匹配一个信用贷款额度。可以被清晰预见的是，未来乡土化的信任型资信证明会慢慢往契约和数据型资信证明的方向转变。

有一种常见的现象是，明明公司买不起豪车，老板却要租一辆宾利车去见谈判对象。为什么？如果你也是这样做的，那么可能是因为怕对方看低你。实际上，如果你的谈判对象是一个有眼力的人，那么他不会看你开什么车、穿什么衣服、带出去的秘书漂不漂亮，如果只看这些就够了，那么还要律师做尽职调查干什么？商场如战场，机会瞬息万变，如何从各类竞争者中脱颖而出？公司股东的资信证明尤为重要，而高保额的终身寿险是不动产等其他资产无法替代的资信证明形式。它可以证明投保人身体健康、具备持续缴费能力、投保资金来源合法且个人净资产不低于保额。这四张“名片”对自然人股东在未来的商场中开展各类活动极具帮助意义。

甲律师建议自己提供法律顾问服务的企业大股东在条件允许的情况下都为自己购买高保额的终身寿险，以优化自己的资信证明。这在以后的商业活动中，会给他们带来极大的优势。但是可惜的是，大股东们普遍年纪偏大，无法投保，这就是后话了。

终身寿险对于企业股东来讲，意义远不止于此。接下来，我给大家介绍终身寿险在企业经营和传承过程中是如何发挥稳定器作用的。

让我们从一个案例开始。某公司的三名自然人股东 A、B、C，分别为 38 岁、35 岁、32 岁，三人各出资人民币 1 000 万元。公司以 3 000 万元资产投入运营，三位股东各持股 33.3%、33.4%、33.3%。公司在三人的协作和努力下，发展得越来越好。公司投入运营两年后，股东 B 在晚间应酬客户时突发急性心肌梗死猝死，股东 B 的家属提出权益主张如下：

1. 撤回原投资，按现价值 8 000 万元折算；

2. 领回两年间公司应分未分的股份分红 300 万元；

3. 股东 B 是在为公司拓展业务的时候发生意外的，请求公司给予抚恤金 100 万元。

三项主张款项合计 8 400 万元，股东 B 的家属要求公司在 1 个月内转入其私人账户，如果公司不能做到，股东 B 的家属就会在保留第三项请求的同时，将股权以 9 000 万元转让给该公司的竞争对手。此时，竞争对手已经跃跃欲试，钱也准备好了。

这让股东 A 和股东 C 非常为难，二人因与 B 交情甚好，很愿意出 8 400 万元妥善处理此事[1]，他们更要维护公司股权的完整。但是问题来了：

1. 此时公司估值已达 8.12 亿元；

2. 公司的账面现金只有 200 余万元；

3. 股东 B 的股份一旦被竞争对手收购，后果不堪设想。

有限责任公司的成立，即代表股东均已做好共同经营、共担风险和共享收益的准备。但常言道，“人有旦夕祸福”，一旦主要股东之一不幸患上重大疾病或意外身故，就会给有限责任公司的未来发展带来巨大的潜在风险。由于有限责任公司同时具备“人合性”与“资合性”的特点，因此公司的主要股东之一遭遇意外，导致出现其继承人想要撤资或者变卖股份的情况，将会给公司的经营带来巨大的影响。公司股权所赋予的表决权长期缺位，轻则会影响公司的日常经营，重则可能导致

1 股东优先购买权，是指股东享有的同等条件下优先购买其他股东拟转让股权的权利。该优先购买权是有限责任公司股东特有的一种法定权利。《中华人民共和国公司法》（简称《公司法》）之所以规定股东享有优先购买权，主要目的是保证有限责任公司的老股东可以通过行使优先购买权实现对公司的控制权。该规定体现了对有限责任公司“人合性”的维护和对老股东对公司贡献的认可。《公司法》第 71 条：“有限责任公司的股东之间可以相互转让其全部或者部分股权。股东向股东以外的人转让股权，应当经其他股东过半数同意。股东应就其股权转让事项书面通知其他股东征求同意，其他股东自接到书面通知之日起满三十日未答复的，视为同意转让。其他股东半数以上不同意转让的，不同意的股东应当购买该转让的股权；不购买的，视为同意转让。经股东同意转让的股权，在同等条件下，其他股东有优先购买权。两个以上股东主张行使优先购买权的，协商确定各自的购买比例；协商不成的，按照转让时各自的出资比例行使优先购买权。公司章程对股权转让另有规定的，从其规定。”

整个公司陷入僵局。由于《中华人民共和国公司法》第75条规定，自然人股东死亡后，其合法继承人可以继承股东资格。因此只要公司章程中未做明确的限制，原自然人股东的所有继承人就均可继承股东资格。股东资格的继承对其他股东的影响往往是负面的，主要原因如下。

1. 股权继承的障碍。在实践中，股权继承存在着许多障碍。首先，《中华人民共和国公司法》第24条规定，有限责任公司由50个以下股东出资设立，未明确规定由于多位继承人继承股东资格致使股东人数超过50人的法律后果。其次，根据《中华人民共和国公务员法》和《中国人民解放军内务条令》，公务员、现役军人等特殊身份的人不得从事营利性活动。股权继承中存在身故股东继承人因特殊身份不能继承股东资格的风险。

2. 股权继承的隐患。即使身故股东股权被顺利继承，对于其他股东而言也往往存在着很大的隐患。在存在多位继承人的情况下，虽然总体持股比例并未发生变化，但是在以股东人数为基准的投票表决中，投票的格局可能会发生变化。股权可能会被完全不能承担股东责任的人继承，这将对公司的经营管理产生不利影响。身故股东的继承人能否获得利益、可以获得多少利益具有不确定性。如果股东继承人是外籍人士，那么公司将变成一家合资公司，审批流程增多，经营范围也可能受限。

3. 股权转让的隐患。《中华人民共和国公司法》第71条中有关向第三方转让股权的规定指出："其他股东半数以上不同意转让的，不同意的股东应当购买该转让的股权；不购买的，视为同意转让。"当身故股东的继承人希望转让股权，或者公司章程约定股权不得继承而应由其他股东购买时，如果其他股东无法筹集足够的资金购买身故股东的股权，股权就可能会被转让给第三方，甚至被转让给竞争对手。

4. 其他附随义务无法实现的隐患。如果股东之间签署了约定追加投资或者为公司提供融资担保的股东协议、一致行动人协议，那么根据"限定继承"的原则，身故股东的继承人很可能无法或者不愿意履行这些约定义务。如果身故股东未完全出资，对于已经认购但未实际缴纳的部分，其继承人是否愿意继续按期出资，也存在着不确定性。诉讼不但成本高，而且结果不可控。

股权继承风险方面，虽然出现过诸多不愉快甚至以悲剧收场的案例，但似乎并未引起投资人士与创业人士的足够重视，公司章程与股东协议中关于股权继承的规定并不多见，即使有也是寥寥数句，并不能切实防范各种风险。归根结底是因为在股东突发意外的时候，其余具有优先购买权的股东没有充足的现金行使优先购买权，解决的办法是创造稳定的大额现金流。

为了平衡多方的利益与诉求，避免上述风险，可以以终身寿险为工具，让股东互保保险。股东互保保险，是指公司购买或股东相互投保以一方身故为给付条件的寿险，并约定保险金只能用于购买身故股东持有的公司股权。在部分欧美发达国家、新加坡和中国香港等地区，股东互保的形式已经较为普遍，企业及股东甚至把其当作一项基本事项。

公司在注册成立时，可以从股东出资中拿出一定比例的资金，以出资额为保额，为每位股东购买终身寿险，受益人由股东本人指定（可以指定公司）。一旦某位股东发生极端风险，即以保险公司的理赔额度为限，由公司支付现金给他的继承人，并要求其继承人自动放弃向公司申请主张的权利，并将股权无偿转让给公司。随着公司的发展，可以继续提升保额，同时请律师制作法律文书并予以公证。这种方式可以维护公司的稳定、保持各股东之间股权的平衡，适合大企业或股东人数多的公司（如图 4–2 所示）。

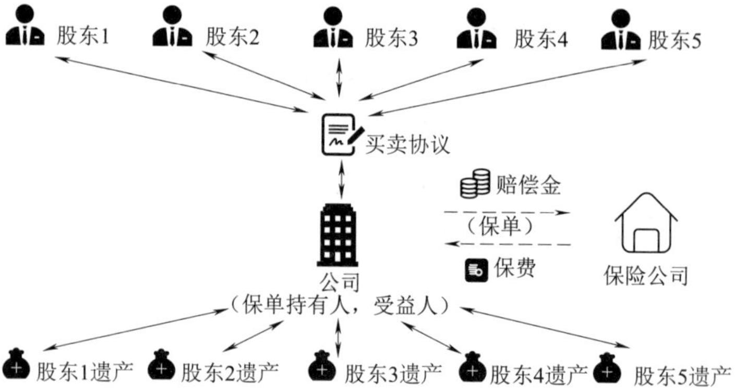

图 4–2　以公司为保单持有人、受益人

《中华人民共和国保险法》第 39 条规定："人身保险的受

益人由被保险人或者投保人指定。投保人指定受益人时须经被保险人同意。”因此，只要被保险人指定或者经过被保险人同意，公司可以成为股东人身保险的受益人。在实践中，一些保险公司的核保要求中规定投保人和受益人仅限于被保险人的近亲属。因此，从实操角度看，可以先以自然人为受益人的方式正常投保，再经过被保险人同意变更投保人或受益人，使用这样的操作方式投保，被顺利承保的概率更大。

股东互保是指各股东分别为自己购买保额与自身持有的股权等价值的终身寿险，并将受益人指定为其他股东（如图 4–3 所示）。股东签订《股权买卖协议》并公证，一旦某位股东发

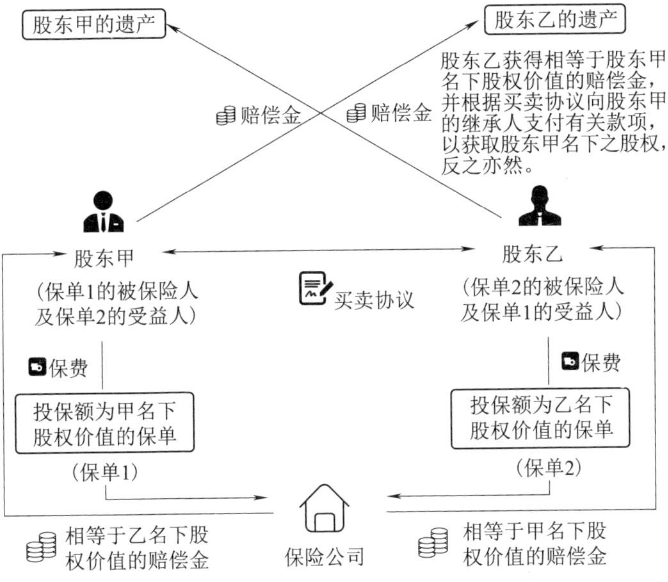

图 4–3　股东互保保险

生极端风险，其他股东就有足够的现金行使优先认购权。这种方式可以有效防止外人介入公司管理，适合中小企业或股东人数不多的公司。根据国外公司的经验，股东相互投保应通过附约的形式，确保对方为保单的不可撤换受益人，并且公司的主要股东为最终实益拥有人。

股东互保的方式有很多优点，包括可以降低主要股东身故对企业经营造成的持续性损害；保障原股东对公司的控制权及原投资计划的实现；防止身故股东的继承人将继承所得的公司股权出售给竞争者，或者防止无能力参与经营的身故股东继承人持股对公司经营带来消极影响；使身故股东的家属能够迅速获得股权对价，避免其继承了股权却得不到实际经济利益；避免其他股东动用计划外的资金购买股份，或对购买身故股东的股权“心有余而力不足”。

根据实践经验，股东互保计划不是签订一个保险合同就能完成的，它是由一系列文件构成的整体计划，保险合同只是其中之一。股东互保计划需要根据企业经营情况的变化不断做出调整，因此需要保险代理人和律师提供长期服务。

股东互保计划中最为关键的文件是股东互保协议，用于约定投保人、受益人、被保险人、保险金用途以及身故股东股权的分配等。此外，还要相应地订立或修改公司章程、与被保险人的继承人签订协议等，最终实现股东互保（如表 4–3 所示）。

表 4-3 股东互保计划涉及的主要文件及内容

文件	内容
股东互保协议	由全体股东订立，统领股东互保计划的相关文件
保险合同	约定受益人、保额、保费、保险金支付方式等
公司章程	约定股权不得继承，而应由其他股东购买；约定转让股权的情况下，受让方同意股东互保的安排并继续履行相关义务
被保险人遗嘱或继承人同意函	由被保险人订立遗嘱或者由被保险人的继承人出具放弃股权同意函
股权买卖协议	由参加互保计划的股东签订，约定身故后的股权转让方式

回到之前的案例，自然人股东 A、B、C 分别是 38 岁、35 岁、32 岁，公司可以为三人每人投保一份保额为 8 000 万元的终身寿险，缴费期限 30 年，每年支付保费约 100 万元（占公司净资产比例极低），同时指定受益人为公司。在股东 B 突然离世后，公司将很快从保险公司拿到 8 000 万元的保险金，既能满足股东 B 家属的要求，又不会影响公司的经营，且可以在无负债的前提下，完成股权回购并增加 A、C 的持股比例。

从财务管理角度而言，这笔保费无论作为风险管理费还是成本控制费，对企业和公司大股东来说都是有必要花的。终身寿险的意义是可以在股东发生极端风险时提供大额现金，帮企业渡过难关。

| 第三节 |
对接家族信托，高净值人士的财富传承选择

中国 1978 年改革开放，至今已有 42 年。

中国建设银行与波士顿咨询公司联合发布的《中国私人银行 2019》报告显示：2018 年，中国高净值人群（个人可投资金融资产 600 万元以上）的人数已达 167 万，预计 2023 年将增长至 241 万。21 世纪 20 年代，20 世纪中叶出生的一批在改革开放后通过自己创业富起来的企业家陆续步入暮年，他们对于个人财富的传承、企业的发展方向，以及家人的未来生活质量非常关注，他们对合理的传承规划方案有强烈的现实需求。财富有三大用途：使用，增值，传承。第一个用途最好理解，指的是用财富提升“衣食住行玩”等各方面的生活品质，俗称花钱。没花完的钱，可以用作第二个用途，保值增值。直到生命尽头还没花完的钱，可以传承给自己关心在意的人。要

了解终身寿险在传承中的作用，我们首先要了解传承的现状，明确传承的问题。

传承，本质上是私权的体现。从“仓廪实而知礼节，衣食足而知荣辱”，到“有恒产者有恒心，无恒产者无恒心”，再到《中华人民共和国宪法》第十三条“公民的合法的私有财产不受侵犯”，社会在进步，经济在发展，人们对私有财产的保护意识越来越强。人民公社时期，劳动效率低下，但是1978年中国农村改革，实行农业生产责任制之后，在相同的技术背景下，生产效率有了大幅提升，这在很大程度上就是因为一个“私”字。龚自珍《论私》篇中有载：“天有闰月，以处赢缩之度，气盈朔虚，夏有凉风，冬有燠日，天有私也；地有畸零华离，为附庸闲田，地有私也；日月不照人床闼之内，日月有私也。圣帝哲后，明诏大号，劬劳于在原，咨嗟于在朝，史臣书之，究其所为之实，亦不过曰庇我子孙保我国家而已。何以不爱他人之国家而爱其国家？何以不庇他人之子孙而庇其子孙？”

在中国改革开放42年间创立的家业，能平稳地传承给后代吗？多数人肯定会认为可以，只要你的收入来源合法，依法纳税，财富的传承不会有什么阻碍。可是，部分富人心中并非完全这样想。

《美国宪法第五修正案》规定：“不给予公平赔偿，私有财产不得充作公用。”《中华人民共和国宪法》第十条规定：“城市的土地属于国家所有。农村和城市郊区的土地，除由法律规定属于国家所有的以外，属于集体所有；宅基地和自留地、自留山，也属于集体所有。国家为了公共利益的需要，可以依照法律规定对土地实行征收或者征用并给予补偿。”

在类似法律条款的表述中，美国用的词是“赔偿”，我国用的词是“补偿”。赔偿以公允价值为标准，补偿依法按照政策的指导进行。两种说法从某种程度上反映出两种社会制度的差异。2020 年，全球抗击新冠肺炎疫情，我国制度优势明显，党中央统筹全局，全面部署，全国上下同心同德，紧密配合，在抗疫大考中，中国交出了一份精彩的答卷。然而，截至本书文稿的最后校订阶段（2020 年 7 月初），美国新冠肺炎疫情累计确诊人数已经超过 300 万，在灾难性突发事件面前，资本主义制度在宏观调控方面的劣势非常明显。所谓私有财产保护力度，实质上是一把双刃剑。然而，它同时也是一些高净值人士非常关注的问题。

我们来分析一下如何利用终身寿险解决财富传承的问题。首先，我们了解一下三种不同的传承工具（见表 4–4）。

表 4–4　三种传承工具

传承工具	遗嘱	保险	家族信托
可处置财产	全部财产	现金	离岸信托为全部财产，境内信托目前以现金为主

续表

传承工具	遗嘱	保险	家族信托
继承人 / 受益人	本人以外的任何自然人或机构	本人、配偶、父母、子女、孙子女等近亲属。特殊情况下，受益人范围可以扩大至无血缘关系的自然人	包括本人在内的任何自然人或机构
财产保值增值作用	可维持原有额度，也有可能损耗[1]	可以保值，长期万能复利账户有增值作用，部分保险种类的身故赔偿金可以翻倍赔付	可以保值增值，但是需要转移财产的所有权和控制权
财富传承作用	可以传承，但是遇到纠纷的可能性较大	精准传承，一次性或分期赔付均可	可以实现财富传承
税收成本	暂无遗产税	保险赔偿金无须纳税，红利在交付受益人之前已经由保险公司代扣代缴税费	境内转移需要纳税，境外根据各国法律规定各有不同
债务隔离功能	不能隔离债务，继承人需要在遗产范围内偿还被继承人的债务	受益人取得的身故赔偿金不属于遗产，不受被保险人的债权人追偿（身故赔偿金不受追偿，年金保险的现金价值可以被追偿），但受益人可以将身故赔偿金用于偿还自身债务	具备良好的债务隔离功能

1 《中华人民共和国民法典》第一千一百六十一条："继承人以所得遗产实际价值为限清偿被继承人依法应当缴纳的税款和债务。超过遗产实际价值部分，继承人自愿偿还的不在此限。继承人放弃继承的，对被继承人依法应当缴纳的税款和债务可以不负清偿责任。"

续表

传承工具	遗嘱	保险	家族信托
融资功能	继承所得可以用于融资	现金价值可以用于融资，未来有望实行保单贴现（保额融资）	法律无规定
保密性	遗嘱一般具有保密性（即将于2021年1月1日起施行的《中华人民共和国民法典》(继承编）确立了遗嘱执行人制度)，但是办理继承权公证时需要公开	除法律规定的情况外，保险公司对保险合同严格保密，受益人领取受益金无须告知他人	高度保密，但是CRS（共同申报准则）框架协议内的各成员需要互相交换金融资产信息，保密效果大打折扣

传承规划不可能只依靠一种方式，一定是多种方式并存的。寿险在传承规划中，既可以作为遗嘱财产的一部分，也可以用于家族信托的设立资金来源。前文已经提到身故保险金的去遗产化，未来如果遗产税开征，寿险在传承规划中的润滑剂作用将更加明显。例如，A先生有2 000万元现金，他把它们存在银行，并立好遗嘱。在A先生死亡后，这2 000万元属于遗产，将和其他财产一起被计入遗产税应纳税所得额。如果A先生以自己为被保险人，投保一份终身寿险，并约定受益人，那么A先生死亡后，保险公司会赔付一笔远多于2 000万元的赔款。关键是，这笔钱不属于遗产，A先生

的继承人拿到这笔钱以后，可以用来缴纳继承 A 先生其他财产的遗产税。在传承规划中，这样的方法利用寿险的身故赔偿金，即使遗产税开征，也能保证遗产的顺利传承。身故赔偿金遗产化，或去遗产化，归根结底属于对保险制度的探讨范畴，终身寿险作为寿险的重要组成部分，本质是“保障子孙后代免受因被保险人死亡而造成的现行收入能力丧失的损失”。换句话说，就是用保额锁定继承人未来的收入，延长被保险人的经济生命，精准传承。

在具体的操作方式上，有几个细节需要注意。第一是被保险人的年龄。市面上绝大多数保险公司将终身寿险的最高投保年龄限制在 55 岁到 60 岁，也就是说，超过这个年龄，就无法利用终身寿险改变资产的性质了。年龄越大，杠杆越低。但是年龄太小，又不适合配置终身寿险，这一点前文有详细介绍。保险规划要有顺序，应该以意外险、健康医疗险、重疾险为先，之后再考虑如何满足教育、养老需求，最后才是传承规划。因此，基于自身的收入情况，合理有序投保尤为重要，不能打乱顺序，否则保险无法发挥作用。第二是险种的选择。终身寿险有定额和增额两种，同等条件下，增额产品要比定额产品价格高。定额产品无法抵御通货膨胀，如果你在很年轻的时候就为自己配置了定额终身寿险，并且足够长寿，那么你最终会发现，通过终身寿险锁定的传承金额并不大。如果你 60 岁才决定配置终身寿险用于传承规划，那么选择增额产品就不如选择定额产品。增额产品本身价格比较高，如果按照中国人目前的平均寿命 77 岁计算，17 年时间，增额产品无法做到大幅增加保额。因此，不如在 60 岁的时候用买增额产品的钱选购定额终身寿险，提前锁定传承金额。如前文所说，建议大家在选择产品的时候充分考虑自己的年龄、家族病史，体检之后再细细比较产品计划书，做最有利的选择。

《中华人民共和国民法典》将于 2021 年 1 月 1 日起施行，这部以权利为本位的法典，对私权的保护将更进一步，多年来困扰着老百姓的建设用地使用权自动续期的问题[1]也在这部法典中予以解决。从《中华人民共和国民法典》的通过我们可以看出，随着国家越来越强盛，国家对私权的保护力度也一定会越来越大，中外法律制度对私有财产的保护力度问题，答案也将变得越来越清晰。由于寿险属于利他合同，利他合同的价值原则源于民法，因此，寿险天然就是私有财产的保护工具，甚至在极端的情况下，只要符合法律规定，保险资产都可以合法保存下来。

传承动作顺利完成，是否就意味着传承规划取得了成功？也不一定。如图 4–4 所示，传承的两大要素，一个是“给得出”，一个是“接得住”。传承失败的原因，常常是继承人

1 《中华人民共和国民法典》第三百五十九条：“住宅建设用地使用权期限届满的，自动续期。续期费用的缴纳或者减免，依照法律、行政法规的规定办理。非住宅建设用地使用权期限届满后的续期，依照法律规定办理。该土地上的房屋以及其他不动产的归属，有约定的，按照约定；没有约定或者约定不明确的，依照法律、行政法规的规定办理。”

拥有资产的数量和掌控资产的能力不匹配。很多人认为，培养一个掌控资产能力强的继承人就可以解决这个问题，但是培养人才谈何容易。十年树木，百年树人。孔子弟子三千，贤才七十二。如果固执地认为自己培养的下一代一定比自己强，那么结果往往会令人失望。家庭财富数量越大，资产类型越多样，管理的难度越大。不动产、动产、金融类资产和权益类资产都叫“钱”，但是每一种“钱”的管理难度不一样。比如股权的管理难度就不小，如果一家上市公司的老总，将自己的股权传承给经营能力不足的儿子，那么往往是以悲剧收场。

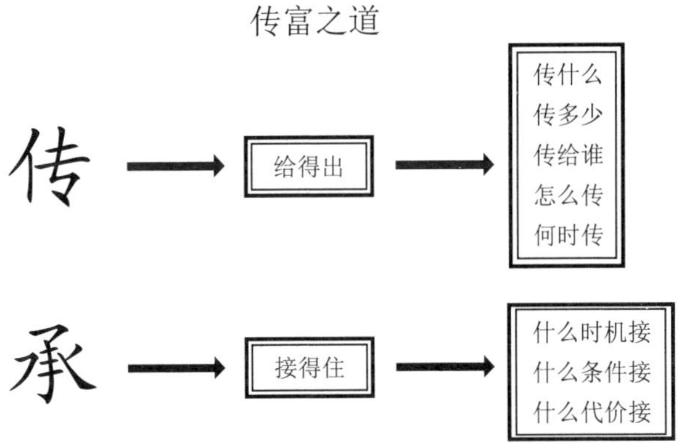

图 4-4　传承的两大要素

事实上，没有个人能力与资产类型非常匹配的继承人，是很多豪门家族面对的问题。有一种最常见的解决方式，本书称为“降维传承”。所谓降维传承，就是将自己的经营型资产转型为收租型资产，在明显降低资产的管理难度之后，再交给继承人。家族信托和超高保额保险也属于“降维传承”范畴，信托的委托人和保险的投保人拥有控制权。如果信托和保险规划得当，那么可以做到“拥有的人不掌控，掌控的人不拥有，受益的人既不拥有也不掌控”，岁月静好，财富永续。保险最多管三代，家族信托最少管三代。除了传承作用，家族信托具体细致的安排，还有助于树立家风，强化家训。

终身寿险可以指定受益人，进行精准传承，但是身故赔偿金只能一次性领取，传承方式的局限性很强。时下比较热门的保险金信托能够很好地解决这个问题，同时，还可以考虑用终身寿险与年金险的身故赔偿金作为资金来源，设立家族信托。

保险金信托虽然资金源于终身寿险的身故赔偿金或生存金，但是在传承方式上可选择的细节却比终身寿险本身丰富得多（如表 4–5 所示）。保险金信托本质上也属于收租型资产，只不过不是利用房地产收租，而是利用金融工具收租。

表 4–5　某保险公司保险金信托标准化分配方案

项目类型	分配方式及金额
基本生活费用及养老金	继承人 60 岁前： □ 每年分配信托利益（　　）万（　　）千元整，分配日为每年 12 月 20 日后 10 个工作日内

续表

项目类型	分配方式及金额
基本生活费用及养老金	□ 每半年分配信托利益（　）万（　）千元整，分配日为每年6月20日、12月20日后10个工作日内 □ 每季度分配信托利益（　）万（　）千元整，分配日为每年3月20日、6月20日、9月20日、12月20日后10个工作日内 继承人60岁及以后： □ 每年分配信托利益（　）万（　）千元整，分配日为每年12月20日后10个工作日内 □ 每半年分配信托利益（　）万（　）千元整，分配日为每年6月20日、12月20日后10个工作日内 □ 每季度分配信托利益（　）万（　）千元整，分配日为每年3月20日、6月20日、9月20日、12月20日后10个工作日内
学业支持	□ 小学入学，一次性分配信托利益（　）万（　）千元整 □ 初中入学，一次性分配信托利益（　）万（　）千元整 □ 高中入学，一次性分配信托利益（　）万（　）千元整 □ 大学入学，一次性分配信托利益（　）万（　）千元整
家庭和睦	□ 结婚，一次性分配信托利益（　）万（　）千元整 □ 生育，一次性分配信托利益（　）万（　）千元整
消费引导	□ 购房，一次性分配信托利益（　）万（　）千元整 □ 购车，一次性分配信托利益（　）万（　）千元整
医疗支持	□ 根据提交医疗发票金额进行一次性分配（发票总数不超过5张，发票总金额不超过5万元（含5万元），发票开具日期不得早于受托人受托之日前30日）

古语云:“道德传家，十代以上；耕读传家，次之；诗书传家，又次之；富贵传家，不过三代。”然而，在“经济基础决定上层建筑”已经成为共识的当代社会，优质教育资源的获取需要良好的家庭经济条件作为保障。这个方面，家族信托可以为后代的教育提供长期连续的财务支持。如果家族的创立者有希望子孙遵循的行事准则，那么家族信托也可以通过条款约束子孙后代的行为。

家族信托的条款灵活性较强，委托人可以根据自己的喜好约定各种条件，终身寿险属于制式合同，条款灵活性较差，当事人选择的空间不大。成功的传承规划，需要灵活的方式，也需要不变的准则。

很多知名企业家在接受采访时，经常会被问到“在接下来的10年里，世界会有什么样的变化”？但很少被问及“在接下来的10年里，什么是不变的”？然而，第二个问题比第一个问题更加重要，因为战略的确定往往需要建立在对“不变”的了解上。如果想要家业兴旺，那么无论时代如何变化，一定要有不变的准则。美好的未来不是随机产生的，而是靠契约保证的。

在本节结尾，我想和大家分享一个有关葡萄酒的故事。1789年法国大革命后，所有的葡萄园都被分割成小块出售。《法国民法典》中有关土地继承权的那一部分规定葡萄园在继承人之间平均分配，因此，如今法国最小的葡萄园只有0.85

英亩[1]。葡萄园的面积限制了葡萄的种植数量和葡萄酒的产量。例如，拉菲酒庄每个年份葡萄酒的产量只有 1.5 万至 2 万箱（每箱 12 瓶，每瓶 750 毫升）。酒庄是葡萄园的附属建筑，配有酿酒设备和贮存空间，如果酒庄达不到标准，该葡萄园所产的葡萄酒就不能被称为酒庄级酒。通常，酒庄级酒是波尔多葡萄酒中质量等级最高的。法国有严格的酒庄分级制度，这要追溯到 1855 年的波尔多葡萄酒分级。1855 年，万国博览会在法国巴黎举行，拿破仑要求葡萄酒经纪人选出最好的酒参展。为此，人们从近 40 年中在市场上出现过的很多酒庄中找出 61 家酒庄，依据长期以来的产品质量和销售表现进行排名。最终在这 61 家酒庄中确定 1 级酒庄 5 家，2 级酒庄 14 家，3 级酒庄 14 家，4 级酒庄 10 家，5 级酒庄 18 家。分级制度方便了葡萄酒贸易，通常 5 级酒庄产品的售价是 2 级酒庄的一半，3 级酒庄、4 级酒庄的产品售价位于中间，1 级酒庄比 2 级酒庄的产品价格高出约 25%。

1855 年的分级制度被沿用至今，其间只发生过一次变动，这次变动中有一件逸闻：木桐酒庄的庄主孜孜以求 50 年，终于实现了酒庄从 2 级升级为 1 级的愿望。升级之前，庄主扬言："不曾第一，不屑第二，我是木桐！"升级之后，却自谦地称："目前第一，曾经第二，木桐不变！"木桐酒庄升级之前的豪迈和升级之后的内敛，在红酒界被传为美谈，也反映出分级

1　1 英亩 ≈ 4 046.86 平方米。——编者注

制度不易撼动。后来，这个始自1855年的行业自治协定转变为政府的行业规定。正因为有了这样的规定，波尔多的葡萄园才会变为美酒的圣地。

关于酒瓶上的酒标，法国也有严格的法律规定。如果你在酒标上看到象征酒庄的城堡式建筑图案，就说明这座酒庄的确存在，并且是酿酒师所属的酒庄。如果你懂酒标的奥秘，它就会向你展示一瓶酒庄级酒的前世今生。法国人一定不会忘记那位缔造《法国民法典》的君主——拿破仑，他迷恋美酒，他一生钟爱的是口感芬芳绵长的香贝丹红葡萄酒。

有人将葡萄酒称为"法酒"，因为官方规定对葡萄的产地、酒庄、酿造工艺和酒标都有严格的要求，生产制造的每个环节都要遵从规范，不可越雷池一步。这么多年来人们对规则的坚持，逐渐形成了享誉世界的葡萄酒文化，可见经典的东西是需要用规则约束、用时间沉淀的。葡萄酒文化的传承，需要制度的保证，同样，家族文化的传承需要契约的支持。

财富传承是一个大命题，遗嘱、保险和信托各有作用。继承是传承的一个环节，即将生效的《中华人民共和国民法典》确立了遗嘱执行人制度。[1]在家庭结构较为复杂的情况下，有了遗嘱执行人，继承过程会更加便捷。

---

1 《中华人民共和国民法典》第一千一百四十五条："继承开始后，遗嘱执行人为遗产管理人；没有遗嘱执行人的，继承人应当及时推选遗产管理人；继承人未推选的，由继承人共同担任遗产管理人；没有继承人或者继承人均放弃继承的，由被继承人生前住所地的民政部门或者村民委员会担任遗产管理人。"

终身寿险可以用于精准传承，具有隔离被保险人债务、避免税收风险的作用。终身寿险对接保险金信托和家族信托，其身故赔偿金或生存金又可以用作家族信托的设立资金来源，是一种非常好的传承工具。

| 第四节 |

如何选购终身寿险？

终身寿险的作用前文已经讲过了，从财富传承的角度来说，终身寿险只能用于传承现金资产，优势在于可以精准传承（见附录 12），也可以避免未来潜在的税收风险，比如遗产税（见附录 13）。虽然从财富效用的角度来说，终身寿险的作用相对较小，但是在今天的金融产品体系中，终身寿险是可以对接家族信托的。

中国的家族信托雏形可以追溯至 900 年前。北宋皇佑二年，范仲淹购置义田千亩，作为宗族公产，用以周济族人，并附设义学供族人子弟免费入学。这是我国历史上最早、最大的义庄——范氏义庄。清朝宣统年间，范氏义庄占有田地 5 300 亩，运行良好，持续近 900 年。

设立义庄的主要目的是保证族人的基本生活需要，主要包括七个方面：吃饭、穿衣、住房、借贷、丧葬、科考、婚嫁。

中国的高净值人群在进行财富传承时，除了订立遗嘱，常用的方式还包括购买保险、为子女购买房产和创设家族信托。终身寿险与家族信托在各类财富传承方式中提及率增长较快，从 2015 年至 2019 年，保险提及率从 31% 提升到 37%，家族信托提及率从 16% 提升至 20%（如图 4–5 所示）。

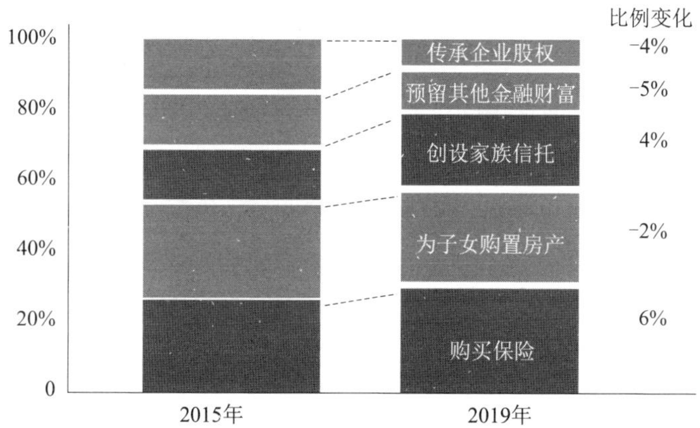

图 4–5　各种财富传承方式的提及率变化

数据来源：招商银行—贝恩公司《2019 年中国私人财富报告》

随着中国家族财富的不断积累，高净值人士日益增多，社会对财富管理的需求持续上涨，未来以家族信托、保险金信托为代表的财富管理业务发展潜力较大。当前，极高净值人群对各类型金融服务有较丰富的认知和经验，税务筹划、法律咨询、家族资产配置管理以及家族财富保障传承是被比较广泛使用的服务。

有关集合信托与家族信托的相关内容，可参见表 4-4、图 4-6 以及图 4-7。

表 4-4　集合信托与家族信托的区别

区别	集合信托	家族信托
设立目的	盈利	财富传承、风险隔离、生活保障
投资目标	追求高收益	财富保护
受益人	自益信托（一般为信托设立人本人）	他益信托（一般为本家族成员）
期限	最短 1 年，少数 3~5 年	10~50 年，可永续
相关法律	商事法律：公司法、合同法、破产法	民事法律：婚姻法、继承法、民法总则
法律效果	债务风险自担	资产隔离

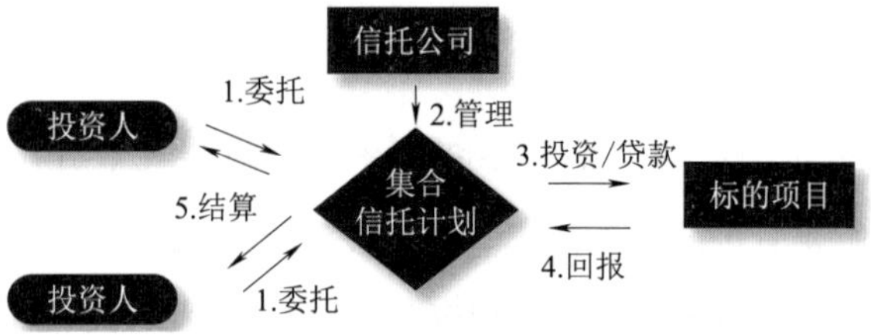

图 4-6　集合信托计划示意图

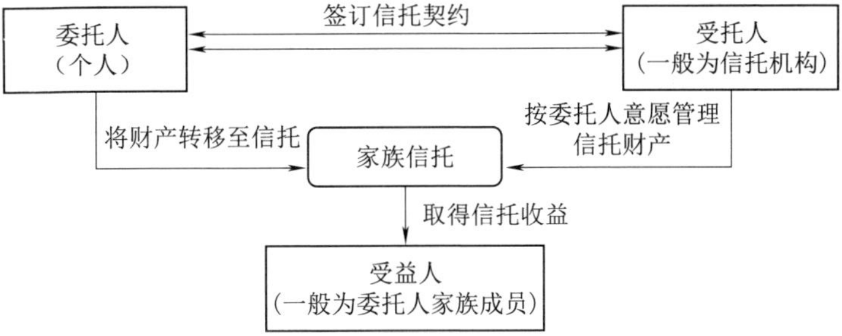

图 4-7　家族信托计划示意图

家族信托又被称作“从坟墓中伸出的手”，这是对家族信托生动的形容。委托人可以通过对信托条款，特别是分配条款的设计，对委托人指定的受益人（如父母、配偶、子女、孙子女等）进行收益分配，保障委托人的家人和子孙后代享受幸福生活。这种方式能够让委托人不仅在生前，也可以在去世后对整个家族施加影响。它既是家族发展的宪章，也是族内成员成长的“基本法”。《商君书·赏刑》中的“一赏、一刑、一教”正好可以用于形容家族信托的作用。受益人按照委托人（信托设立者）的意愿行事，有奖励。具体如何行事，有说明。不按委托人的意愿行事，有惩罚（失去受益人资格）。

举个例子，王总经营企业非常成功，掌控着三家上市公司的股权，过了花甲之年，老伴过世，自己也身患重病，是时候考虑将资产传承给后代的问题了。王总的儿子王二柱游手好闲，嗜赌成性，结过两次婚，第一任妻子所生的孙子王小柱 8 岁，聪慧懂事，深得王总喜爱。王总不愿意将自己辛苦一辈子积累的资产交给儿子，希望传承给尚未成年的孙子王小柱，既想保障他今后的生活，又不想让王小柱因为一次性获得巨额财富变得像他爸爸那样不思进取、不劳而获。另外，王总希望王小柱成年后早日成家立业，多子多福。王总对王氏子孙有很高的期许，想为后代的成功提供足够的物质条件。

王总有很多顾虑。孙子未成年，财富是否会被儿子挥霍？如何避免孙子婚后的财富外流风险？巨额的资金如何有效地升值？能否实现资产隔离？根据王总的需求，我认为可以为其定制家族信托的个性化条款（如图 4-8 所示）。

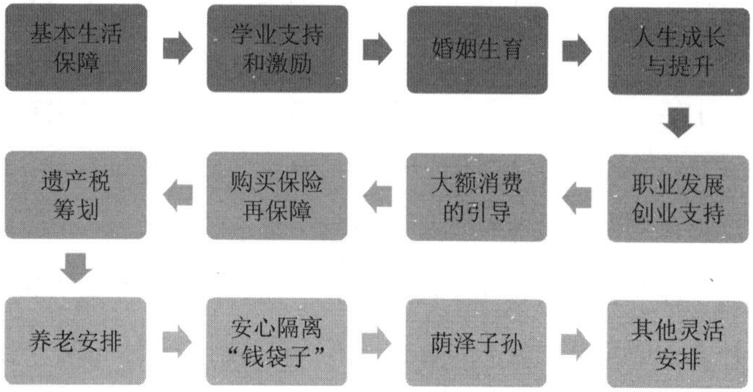

图 4-8　私人定制家族信托

第一，学业支持和激励。如王小柱考取国内重点大学，给予一次性奖励 100 万元；考取国外知名大学，给予一次性奖励 200 万元；顺利获得硕士和博士学位，分别奖励 300 万元和 500 万元。

第二，职业发展激励。如王小柱结束学业后进入省级以上政府机关工作累计满 5 年，给予 500 万元职业发展奖励。

第三，创业激励。如王小柱 35 岁前有创业意愿并开设公司，经核验相关证明，给予 600 万元创业支持。

第四，婚姻生育激励。如王小柱在 30 岁前结婚，给予 300 万元婚姻礼金；其妻生育第一胎给予 200 万元生育金，此后每生育一胎给予 300 万元奖励。

第五，防范婚姻变动导致家族财富稀释。可与信托公司约定，受益人在达到领取条件时可暂不领取，防范领取后成为婚内财产，导致财富稀释。

第六，约束性条款。王总的孙子及其后代构成刑事犯罪，则丧失受益人身份。

第七，遗产税金。遗产税正式开始征收后，保险金信托受益人在继承遗产时，可获得 1 000 万元的遗产税金资助，弥补继承遗产时的遗产税金缺口。

家族信托可以扩大家族财富受益人的范围，并灵活约定受益方式。人身保险绝大部分是制式合同，用于解决风险导致的现金资产危机尚可，但是无法灵活地根据家族具体情况进行调整。根据目前各家保险公司的规定，终身寿险的受益人只能是被保险人的配偶、父母、子女，不能是其他个人和机构。但是受益人可能不具备合理处理保险金的能力和条件，例如年纪太小、身心有障碍、挥霍无度等，各继承人或监护人间的利益冲突也可能导致受益人的合法权益受到损害。家族信托的给付对象不限于亲属，这可以约定给付比例、继承条件等。未出生的人是无法作为保险受益人的，但是可以作为信托受益人。保险必须有明确的受益人，但信托的受益人除了可以是明确的人，还可以是明确的范围。委托人可指定多个第一顺位受益人，并可以为每个第一顺位受益人指定一名第二顺位受益人（如图 4–9 所示），以防止第一顺位受益人早于被保险人身故或失去受益人资格。

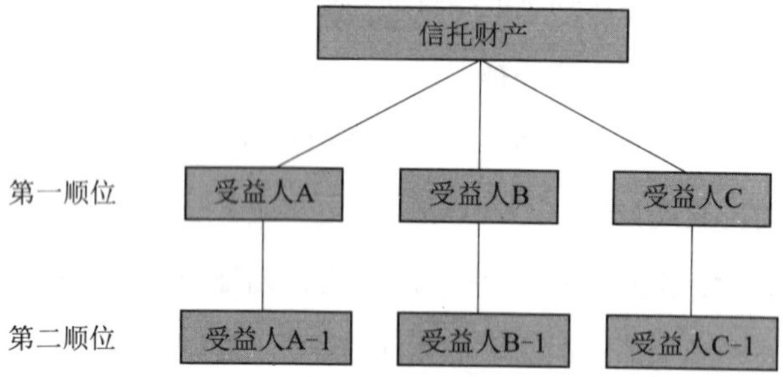

图 4–9　可根据家族具体情况指定受益人的家族信托

利用保险进行财富传承，最多管三代；利用信托进行财富传承，最少管三代。

信托合同仅需要向中国银行保险监督管理委员会备案即可，合同条款可由信托公司自行规定，因此，家族信托产品可以用个性化条款满足客户不同的传承需求。比如，某信托公司可以为其不同级别的客户提供不同的服务：3 000 万元级别的客户，可以享受 30 × 40 个分配条款；5 000 万元及以上级别的客户，可以享受60×10个分配条款，家族客户，可以享受90×100个分配条款，甚至可以发挥无限的想象力，未来可能发生的事情，只要能想到都可以写进分配条款。以上只是打个比方，并不一定是90×100这样精确的数字。在现实中，客户还有其他的需求：我的小孩要是想创业怎么办？我的家族要是急需一大笔钱，超过50%的信托资产怎么办？这些问题导致分配条款越来越复杂。

在传统的模式下，来自不同保险机构的保单需要分别设立保险金信托，这也意味着，如果一个人的保单分散在多家保险公司，那么其在设立保险金信托时，就不得不分开设立多个，甚至要对接多家信托公司。此外，即便是在同一家保险公司投保的多个保单，如果被保险人不同，也不能避免需要分别设立保险金信托的烦琐流程。简而言之，因为保险公司不同，或者被保险人不同，就算是同一个人投保的保单，也无法被整合到同一个保险金信托中。

2019年，有信托公司推出了“家庭保单”保险金信托产品，解决了这样的“痛点”，打通了不同保单间的壁垒，能够实现将客户未来在任何一家合作保险公司购买的保险保单整合到同一个保险金信托中的目的（如图4-10所示）。

保险金信托是家族财富传承业务的一个分支，是将保险与信托跨领域结合的一种传承工具，也是以财富保护和传承为目的的信托业务。中国的家族信托尚处于起步阶段，其业务主要针对现金和金融资产展开。目前中国家族信托的业务门槛较高，有 5 000 万元，也有 3 000 万元（中国银行保险监督管理委员会 2018 年下发的《信托监管工作通知》中规定业务门槛为 1 000 万元）。保险金信托可以变相降低家族信托的业务门槛。因为保费与保额之间往往存在杠杆，所以只要保额能够达到家族信托的门槛就可以，有时甚至只需要低至 100 万的保费即可设立家族信托。

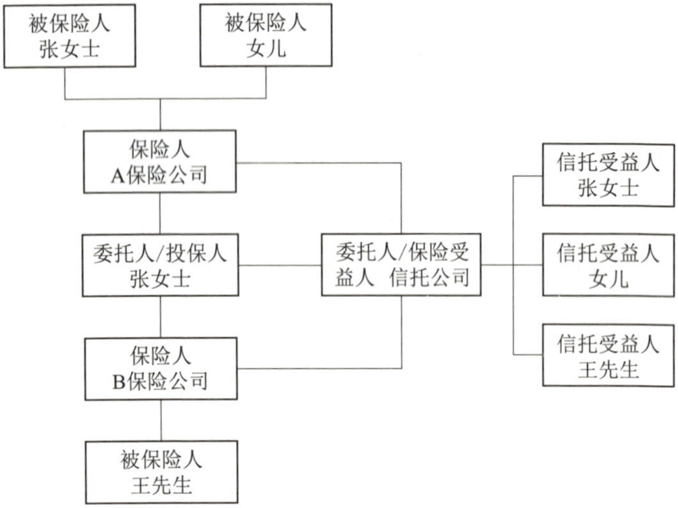

图 4-10　保险金信托整合示例

下面我们举例说明保险金信托如何实现财富传承（如图 4–11 所示）。

父亲生前为自己投保了一份保额为 2 000 万元的终身寿险，受益人为信托公司。父亲生前负债 1 000 万元，债权人 A

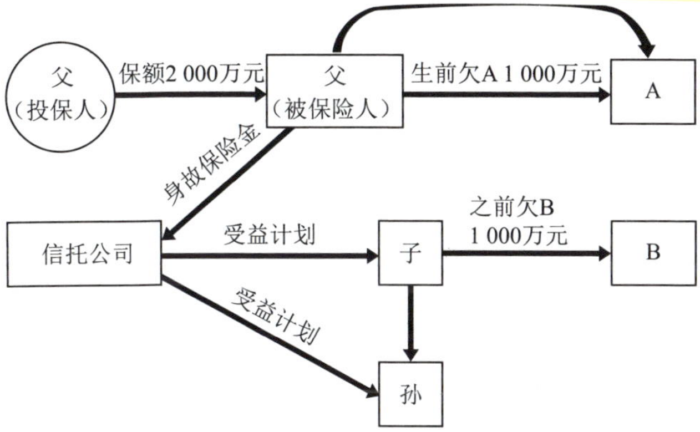

图 4-11 保险金信托传承案例

只能用父亲的遗产满足其债权，不能把手伸向这 2 000 万元赔偿金，因为身故赔偿金只要有明确的受益人，就不属于遗产。这笔 2 000 万元的身故赔偿金并没有被直接交给儿子，而是按照父亲生前的意愿，由保险公司直接交给了信托公司，自始至终没有经儿子的手。从法律的角度上看，儿子欠 B 的 1 000 万元是需要偿还的，但是由于身故保险金没有经儿子的手，因此儿子“没钱还”。具体的操作是，信托公司接收这笔资金以后会建立一个以孙子为受益人的受益计划，孙子可以定期领取这笔钱。财富管理的最高境界不是拥有财富，而是掌控财富，这就是家族信托和保险金信托的真谛。按照目前的发展趋势，中国未来会成为世界保险第一大国，保险金信托作为家族信托的“迷你版”，对家庭税务和财务规划都有很大的好处，未来将在我国发挥非常重要的作用。利用终身寿险的保额作为家族信托的资金来源，相当于同时拥有了保险公司对资金来源合法性的背书。在税务方面，保险赔偿金属于法定免税项目。[1]

毋庸置疑，终身寿险是高净值人士的选择。一般的中产阶层人士基本要到 40 岁以后才开始考虑财富传承，前文提到的资信证明对于他们来说意义不大。对于绝大部分在主动收入模式下的人，定期寿险就可以满足需求，毕竟同等条件下，终身寿险的保费比定期寿险高得多。说到底，终身寿险只有在超高保额的情况下，才能起到为家族信托提供资金来源的作用，按照现在的货币购买力，基本上需要保费 500 万元起。那么问题来了，在实务中，常见的情况是买得起超高保额终身寿险的人身体条件不符合投保要求，身体条件符合投保要求的人又没有相应的资金实力。

保额相当于资产，可以在筑巢期提升你承担责任的能力，在满巢期为你提供资信证明，在离巢期让你通过保单贴

1 读者这里需要注意的是，一份终身寿险会产生多种收入，其中分红和万能账户产生的投资收益不算赔偿金，只有因保险合同载明的或然事件发生而产生的赔付才叫保险赔偿金。

[illegible]保额差价[1]（保单贴现是指保单持有人将终身寿险保单反向抵押给贴现公司并取得一笔高于现金价值、低于保额的贴现金。发生保险事故以后，身故理赔金属于贴现公司。中国银行保险监督管理委员会已经给保单贴现业务发放了牌照，但是截至本书编辑时该业务尚未得到大范围推广）。

---

1 截至 2019 年 5 月 21 日，中国现有两家开展保单贴现交易服务业务试点的专业机构，分别是北京保险服务中心股份有限公司（注册地为北京）及中国保单贴现服务有限公司（注册地为香港）。由于地域原因，未能查询到中国保单贴现服务有限公司的具体信息，现以北京保险服务中心官网（http://www.biscc.cn/）发布的信息为依据，整理出以下内容：贴现业务资质 2017 年 9 月 11 日，北京保险服务中心收悉《中国保监会关于同意北京保险服务中心股份有限公司开展保单贴现交易服务业务试点的函》（保监函〔2017〕142 号），接受中国银保监会和北京市地方金融监管局监督管理，可于北京、上海、广州、深圳四地以自有资金开展保单贴现交易服务业务。关于贴现业务：开展保单贴现业务的保单持有人需要同时满足如下两个条件：1. 持有太平人寿保险有限公司、中国人寿保险股份有限公司、中国人保寿险股份有限公司、新华人寿保险股份有限公司的保单；2. 保单所属地为北京、上海、广州、深圳四个城市。产品类型：保单贴现的产品类型包括普通型终身寿险、普通型两全保险和普通型年金保险。贴现流程：贴现申请、贴现审批、贴现合同签署、保全变更、贴现给付。交易服务费收费标准是指由北京保险服务中心提供的保单贴现服务。保单贴现是指保单贴现人（即保单持有人）以保单满期给付折价或被保险人保险责任发生给付折价的方式，通过北京保险服务中心将保单受益权转让给保单投资人从而获得贴现资金。交易服务费，是指由北京保险服务中心提供前述服务时，向相关交易主体收取的相关服务费用。 目前未查询到北京保险服务中心的贴现率和成功案例，其合作机构太平人寿保险有限公司、中国人寿保险股份有限公司、中国人保寿险股份有限公司、新华人寿保险股份有限公司官网也未上线保单贴现相关内容。

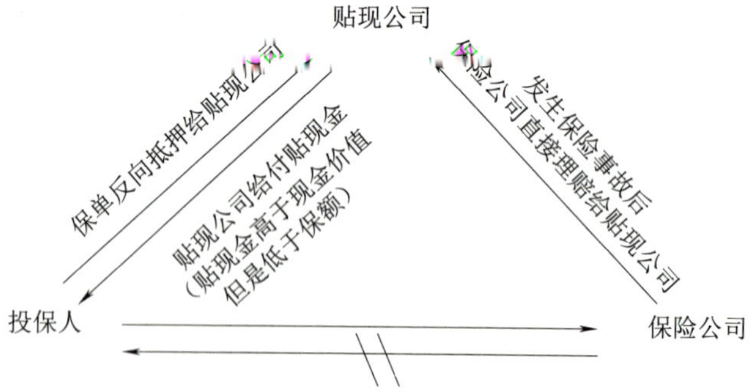

图 4-12　保单贴现示例

在空巢期，保额可以帮你实现现金免税传承或者对接保险金信托，甚至成为家族信托的资金来源。就像美国把石油结算和美元挂钩一样，石油结算这套货币“装备”是好东西，但只有美国、中国、俄罗斯等少数国家有实力去“穿”。保额，尤其是终身寿险的保额也是好东西，但是需要被保险人同时具备身体条件和资金实力。超高保额的终身寿险这套“装备”，富二代和事业有成的年轻人是有机会“穿上”的。年纪太小不行[1]，年纪太大了，身体条件无法通过核保要求也不行。身体条件决定了一个人的投保能否被顺利承保，年龄条件决定了一个人要付出什么样的保费代价。健康和青春都是稀缺资源。人唯一可以不努力就得到的是自己的年龄。

终身寿险有定额和增额两种类型，怎么选择？关键看杠杆的高度和保额的增长空间。毋庸置疑，同等条件下，增额的终身寿险会比定额的终身寿险价格更高。如果被保险人足够年轻，有足够的时间等待保额慢慢增加，那么应该选择增额终身寿险。反之，则应该选择定额终身寿险。投保时要仔细

---

1 如果对父母为未成年子女购买高保额终身寿险的行为不加约束，那么极有可能产生道德风险。《中华人民共和国保险法》第三十三条："投保人不得为无民事行为能力人投保以死亡为给付保险金条件的人身保险，保险人也不得承保。父母为其未成年子女投保的人身保险，不受前款规定限制。但是，因被保险人死亡给付的保险金总和不得超过国务院保险监督管理机构规定的限额。"根据《中华人民共和国保险法》第三十三条规定，中国保监会于 2010 年发布了《关于父母为其未成年子女投保以死亡为给付保险金条件人身保险有关问题的通知》（以下简称《通知》）（保监发〔2010〕95 号），将未成年人死亡保险金限额规定为 10 万元。随着我国经济社会的不断发展，人民生活水平不断提高，子女抚养成本同步攀升，要求修订《通知》、调整未成年人死亡保险金限额的呼声越来越高。在此背景下，中国保监会通过征求社会及行业各方意见，修订了《通知》。一是适当提高未成年人死亡保障限额，将未成年人死亡保险金限额提高至 20 万元和 50 万元。二是根据《民法通则》中对无民事行为能力人和限制民事行为能力人的界定，将不满 10 周岁的未成年人死亡保险金限额提高至 20 万元，已满 10 周岁但未满 18 周岁的未成年人死亡保险金限额提高至 50 万元。三是航空意外身故和重大自然灾害意外身故死亡保险金额不计算在死亡保障限额中。引导树立科学的保险保障和保险消费理念，鼓励投保人在注重自身保险保障的基础上，为未成年人购买切合实际的保险产品。进一步明确要求保险公司不断健全完善对未成年人的投保、核保机制，规范保险公司经营行为，在防范道德风险的同时，为未成年人提供更加丰富多样的保险保障。

对比保险计划书，并参考自己的年龄情况。目前的主流观念是，35 岁以前购买增额终身寿险，35 岁以后购买定额终身寿险。不过，本书在第三章中提到过，未来人们将拥有百岁人生，所以这个 35 岁的年龄界限应该往后推。目前市场上有两种终身寿险产品，第一种是有危险保额（也就是杠杆）的产品，第二种是把终身寿险和万能账户结合为分红型保险的创新产品。司法上，在投保人遇到债务危机时，法官会考虑第一种产品的危险保额是否涉及生存利益，因此第一种产品可以起到一定程度的资产隔离作用，如果投保人发生债务危机，自身其余资产无法偿还债务，那么第二种产品的保单现金价值大概率会被法院强制执行。

| 后记 |

不配置保险的家庭，算不上一个现代家庭。可以说，人寿保险的运用是每个家庭的必修课，小到普通的医疗费用报销、意外伤害理赔，大到重大疾病保障、子女教育、养老规划、财富传承，都离不开人寿保险。保险配置需要综合考虑自身的家庭成员结构、收入结构、未来期许和缴费年限，是一件非常有专业含量的事。

每家保险公司和代理机构都具备完整的产品结构，包括健康医疗险、重疾险、终身寿险等。大致的配置技巧已经在本书的各章节中有所说明，读者在进行保险规划的时候，只要按图索骥，就不会偏离方向。在具体的操作中，购买非直付型健康医疗险和消费型重疾险可以选择在网上解决，货比三家即可。返还型重疾险细节很多，年金险和终身寿险需要考虑的细节更多，购买时建议找专业的代理人或经纪人咨询。《中华人民共和国保险法》第一百一十七条是这样定义保险代理人和保险经纪人的："保险代理人是根据保险人的委托，向保险人收取佣金，并在保险人授权的范围内代为办理保险业务的机构或者个人。保险代理机构包括专门从事保险代理业务的保险专业代理机构和兼营保险代理业务的保险兼业代理机构。"第一百一十八条："保险经纪人是基于投保人的利益，为投保人与保险人订立保险合同提供中介服务，并依法收取佣金的机构。"第一百一十九条："保险代理机构、保险经纪人应当具备国务院保险监督管理机构规定的条件，取得保险监督管理机构颁发的经营保险代理业务许可证、保险经纪业务许可证。"

没有保险代理人和保险经纪人谁更好这一说。经纪人销售的产品是可以跨公司的，但是很多公司不会向经纪人开放核心产品渠道，而是把核心产品给自己公司的代理人销售。从单一产品来看，确实存在性价比一说，但是保险规划重在产品的组合方式，它不仅仅是购买一款产品。大家在选择代理人、经纪人和保险公司的时候，有几个重要的指标可以参考。

第一是代理人或经纪人的从业年限、销售经历、服务和理赔经验（这个非常重要）。可以让代理人或经纪人出示自己的从业年限证明。公司为了留住员工，有很多佣金和奖励不会当月发放，会留存到来年甚至未来很多年后陆续发放，因此从业年限越久的代理人和经纪人，越珍惜自己的声誉和行业积淀，也会在专业度与合规性上更加严格地要求自己。销售经历方面，可以根据其是否为 MDRT（百万圆桌会）会员判断，如果是 COT（优秀会员）或者 TOT（顶级会员）更好（见附录 14），也可以以 IDA（国际龙奖）作为判断标准[1]。代理人或经纪人的业绩越好，每个保单的金额越大，证明他越令客户信任，高净值客户越多。服务和理赔经验方面，可以参考代理人或经纪人在职业生涯中为客户做过的保全服务、客户增值服务以及理赔服务（精英代理人和经纪人都会有自己的客户服务手册，上面详细记载了自己的客户服务信息）。

第二是代理人或经纪人的专业资质及知识结构。在金融服务业中，保险公司是除了小额贷款公司之外对业务员的学历要求最低的，但是对专业度和沟通能力的要求又很高。保险代理资格证书是最基础的，中级阶段有财务顾问师资质、金融理财师资质，高级阶段有国际金融理财师资质、美国人寿保险管理学会资格考试合格证明等。还有法律职业资格、注册税务师以及注册会计师等更加专业化的资质，这些资质获得者能够提供的专业服务已经不限于保险领域，而是慢慢向家族办公室服务的方向迈进。财富管理、风险管理、法律与税务、移民、涉外金融等知识，精英代理人或经纪人也需要学习掌握。在选择代理人或经纪人时，可以从学历、专业资质和知识结构几个方面进行评估。

第三是公司实力（见附录 15）。在金融服务业的各类牌照

1 世界华人保险 IDA 会员，指的是获得国际龙奖的人员。IDA（International Dragon Award），是世界华人金融保险业的最高荣誉。

中，保险是最“稳”的。就算保险公司破产或者依法解散，客户也可以换一家公司继续行使保单的相关权利。如果该公司负债太多，偿付实力过弱，那么保险保障基金会按照 80% 或者 90% 向其提供救济支持。

中国人对生存状态的追求是“有福”，每逢春节，家家户户总喜欢在门上贴“福”字，寓意“五福临门”。那么，几乎人人皆知的“五福临门”到底是哪“五福”呢？早在春秋战国时期，《尚书·洪范》对“五福”就有明确的记载：“一曰寿，二曰富，三曰康宁，四曰攸好德，五曰考终命。”“寿”，是长寿，就是要活得久。“富”，不能简单地理解为有钱，而是指对财富的满足感。无论拥有多少钱，只有真正地拥有对财富的满足感，才称得上是“富”。“康宁”，指既要身体健康，又要内心安宁。“攸好德”，指遵循美德，受人尊敬，被人当作榜样追随和效仿。我们常说的“道德”，“道”是宇宙间万事万物运行的规律，“德”是顺应规律的行为规范体系。按照正确的行为规范做事、行事有敬畏心就是“有德”，否则就是“缺德”。“考终命”，指人在生命走到终点时就像通过了一场重大的考试，心怀坦荡，不后悔，不内疚，不遗憾，照顾好需要照顾的人，安排好身后事。“洪范”原是商周时期的贵族阶级总结出来的统治经验。“洪”的意思是“大”，如“洪水”“洪荒之力”；“范”的意思之一是“铸造器物的模具”，如“钱范”。从财富管理的角度来看，“洪范”可以被理解为财富管理的最高标准，其中的“五福”，就是中国人追求的财富最高境界。从人寿保险的角度讲，拥有一个专业而完善的保险组合，让自己病有所医、老有所养，体面而有品质地活得够久，即“寿”；有与生命等长的现金流，让自己在需要用钱的时候刚好有一笔够用的钱，内心对财富有满足感，即“富”；做好自己的健康管理，定期体检，生病时有足够的钱医治，心中坦荡，对未来充满确定的安全感，即“康宁”；知道居安思危，为自己及家人建立一套以保险为主的可靠的保障体系，在春风得意时做好规划，确保在四面楚歌时有条退路，可以逢凶化吉、遇难成祥，即“攸好德”；当生命走到尽头时，即使心有不甘，也能够坦然面对，照顾好其他家庭成员，安排好自己的财产分配，不留遗憾，让家人不会因为争遗产而反目成仇，即“考终命”。如此看来，拥有一个真正专业的、量身定制的保险组合，也许就是普通中国人实现“五福临门”最好的途径之一了。

| 附录 |

附录 1

以下疾病为中国银行保险监督管理委员会规定的25种重大疾病：

1. 恶性肿瘤

指恶性细胞不受控制的进行性增长和扩散，浸润和破坏周围正常组织，可以经血管、淋巴管和体腔扩散转移到身体其他部位的疾病。

2. 急性心肌梗死

指因冠状动脉阻塞导致的相应区域供血不足造成部分心肌

坏死。

3. 脑中风后遗症

指因脑血管的突发病变引起脑血管出血、栓塞或梗死，并导致神经系统永久性的功能障碍。

4. 重大器官移植术或造血干细胞移植术

（1）重大器官移植术指因相应器官功能衰竭，已经实施了肾脏、肝脏、心脏或肺脏的异体移植手术。

（2）造血干细胞移植术指因造血功能损害或造血系统恶性肿瘤，已经实施了造血干细胞（包括骨髓造血干细胞、外周血造血干细胞和脐血造血干细胞）的异体移植手术。

5. 冠状动脉搭桥术

指为治疗严重的冠心病，实际实施了开胸进行的冠状动脉血管旁路移植的手术。冠状动脉支架植入术、心导管球囊扩张术、激光射频技术及其他非开胸的介入手术、腔镜手术不在保障范围内。冠心病通俗来说就是心绞痛、心肌梗死、心肌硬化等具体症状表现的统称。

6. 终末期肾病

终末期肾病（或称慢性肾功能衰竭尿毒症期），指双肾功能慢性不可逆性衰竭，达到尿毒症期，经诊断后已经进行了至少 90 天的规律性透析治疗或实施了肾脏移植手术。

7. 多个肢体缺失

指因疾病或意外伤害导致两个或两个以上肢体自腕关节或踝关节近端（靠近躯干端）以上完全性断离。

8. 急性或亚急性重症肝炎

指因肝炎病毒感染引起肝脏组织弥漫性坏死，导致急性肝功能衰竭，且经血清学或病毒学检查证实，并须满足下列全部条件：

（1）重度黄疸或黄疸迅速加重；

（2）肝性脑病；

（3）B 超或其他影像学检查显示肝脏体积急速萎缩；

（4）肝功能指标进行性恶化。

9. 良性脑肿瘤

指脑的良性肿瘤，已经引起颅内压增高，临床表现为视神经乳头水肿、精神症状、癫痫及运动感觉障碍等，并危及生命。须由头颅断层扫描（CT）、核磁共振检查（MRI）或正电子发射断层扫描（PET）等影像学检查证实，并须满足下列至少一项条件：

（1）实际实施了开颅进行的脑肿瘤完全切除或部分切除的手术；

（2）实际实施了对脑肿瘤进行的放射治疗。

脑垂体瘤、脑囊肿、脑血管性疾病不在保障范围内。

10. 慢性肝功能衰竭失代偿期

指因慢性肝脏疾病导致肝功能衰竭。

因酗酒或药物滥用导致的肝功能衰竭不在保障范围内。

11. 脑炎后遗症或脑膜炎后遗症

指因患脑炎或脑膜炎导致的神经系统永久性的功能障碍。

12. 深度昏迷

指因疾病或意外伤害导致意识丧失，对外界刺激和体内需求均无反应，昏迷程度按照格拉斯哥昏迷分级（Glasgow coma scale）结果为5分或5分以下，且已经持续使用呼吸机及其他生命维持系统96小时以上。

因酗酒或药物滥用导致的深度昏迷不在保障范围内。

13. 双耳失聪

指因疾病或意外伤害导致双耳听力永久不可逆性丧失，在500赫兹、1 000赫兹和2 000赫兹语音频率下，平均听阈大于90分贝，且经纯音听力测试、声导抗检测或听觉诱发电位检测等证实。

14. 双目失明

指因疾病或意外伤害导致双眼视力永久不可逆性丧失。

15. 瘫痪

指因疾病或意外伤害导致两肢或两肢以上肢体机能永久完全丧失。肢体机能永久完全丧失，指疾病确诊180天后或意外伤害发生180天后，每肢三大关节中的两大关节仍然完全僵硬，或不能随意识活动。

16. 心脏瓣膜手术

指为治疗心脏瓣膜疾病，实际实施了开胸进行的心脏瓣膜置换或修复的手术。

17. 严重阿尔茨海默病

指因大脑进行性、不可逆性改变导致智能严重衰退或丧失，临床表现为明显的认知能力障碍、行为异常和社交能力减退，其日常生活必须持续受到他人监护。须由头颅断层扫描（CT）、核磁共振检查（MRI）或正电子发射断层扫描（PET）等影像学检查证实，且自主生活能力完全丧失，无法独立完成六项基本日常生活活动中的三项或三项以上。神经官能症和精神疾病不在保障范围内。

18. 严重脑损伤

指因头部遭受机械性外力，引起脑重要部位损伤，导致神经系统永久性的功能障碍。须由头颅断层扫描（CT）、核磁共振检查（MRI）或正电子发射断层扫描（PET）等影像学检查证实。

19. 严重帕金森病

是一种中枢神经系统的退行性疾病，临床表现为震颤麻痹、共济失调等。

继发性帕金森综合征不在保障范围内。

20. 严重Ⅲ度烧伤

指烧伤程度为Ⅲ度，且Ⅲ度烧伤的面积达到全身体表面积的 20% 或 20% 以上。体表面积根据《中国新九分法》计算。

21. 严重原发性肺动脉高压

指不明原因的肺动脉压力持续性增高，进行性发展而导致的慢性疾病，已经造成永久不可逆性的体力活动能力受限，达到美国纽约心脏病学会心功能状态分级 IV 级，且静息状态下肺动脉平均压超过 30 mmHg（毫米汞柱）。

22. 严重运动神经元病

是一组中枢神经系统运动神经元的进行性变性疾病，包括进行性脊肌萎缩症、进行性延髓麻痹症、原发性侧索硬化症、肌萎缩性侧索硬化症。须满足自主生活能力完全丧失，无法独立完成六项基本日常生活活动中的三项或三项以上的条件。

23. 语言能力丧失

指因疾病或意外伤害导致完全丧失语言能力，经过积极治疗至少 12 个月（声带完全切除不受此时间限制），仍无法通过现有医疗手段恢复。精神心理因素所致的语言能力丧失不在保障范围内。

24. 重型再生障碍性贫血

指因骨髓造血功能慢性持续性衰竭导致的贫血、中性粒细胞减少及血小板减少。

25. 主动脉手术

指为治疗主动脉疾病，实际实施了开胸或开腹进行的切除、置换、修补病损主动脉血管的手术。主动脉指胸主动脉和腹主动脉，不包括胸主动脉和腹主动脉的分支血管。动脉内血管成形术不在保障范围内。

附录 2

广东省深圳市中级人民法院

（2016）粤 03 民终 22744 号　节选

二审中，当事人没有提交新证据。一审查明的事实无误，本院予以确认。本院认为，双方当事人对被上诉人参保及就诊的经过没有异议，争议的焦点在于上诉人是否应承担保险金给付责任，具体而言，在于被上诉人是否违反了如实告知义务及在等待期内因导致“重大疾病”的相关疾病就诊。根据《中华人民共和国保险法》第十六条第一款及第二款的规定，订立保险合同，保险人就保险标的或者被保险人的有关情况提出询问的，投保人应当如实告知。投保人故意或者因重大过失未履行前款规定的如实告知义务，足以影响保险人决定是否同意承保或者提高保险费率的，保险人有权解除合同。上诉人主张被上诉人未如实告知慢性咽炎、慢性喉炎、×× 两对半 245、抗 ×× 病毒 IgA ×× 性等体检结果异常的情况，但被上诉人的体检结果中还包括超重、双眼屈光不正、轻度脂肪肝、尿酸偏高等情形，体检结果与体检结果异常不是同一概念，上诉人并未询问被上诉人体检结果，而何谓体检结果异常，上诉人未能合理说明其判断标准。没有证据表明被上诉人参保时具备判断体检结果是否异常的专业知识，亦无证据证实上诉人曾就此向被上诉人进行解释说明，故被上诉人未向上诉人陈述慢性咽炎、慢性喉炎、××两对半 245、抗 ××病毒 IgA××性等体检结果不违反如实告知义务。另外，上诉人未要求被上诉人参保时提供体检报告，应视为上诉人自行放弃了解被上诉人体检结果是否异常的权利，其不利后果应由上诉人承担。因此，上诉人以被上诉人违反如实陈述义务为由解除合同没有事实和法律依据，本院不予支持。根据涉案保险合同中关于等待期的约定，在合同生效之日起 90 日内，被保险人因导致“重大疾病”的相关疾病就诊，保险人不承担保险责任。本案中，涉案保险合同于 2015 年 7 月 21 日生效，被上诉人于 2015 年 10 月 25 日入院治疗后被诊断患有鼻咽癌，该就诊时间已经超过了 90 日的等待期。上诉人主张被上诉人于 2015 年 10 月 14 日在深圳市人民医院因导致鼻咽癌的相关疾病就诊，经查，被上诉人此次就诊的诊断结论为扁桃体肿大，没有证据显示扁桃体肿大必然导致鼻咽癌的发生，即扁桃体肿大不属于合同约定的导致“重大疾病”的相关疾病。因此，上诉人以被上诉人在等待期内因导致“重大疾病”的相关疾病就诊为由主张不承担保险责任缺乏事实依据，本院不予支持。

根据《最高人民法院关于审理民事案件适用诉讼时效制度若干问题的规定》第四条的规定，当事人在一审期间未提出诉讼时效抗辩，在二审期间提出的，人民法院不予支持，但其基于新的证据能够证明对方当事人的请求权已过诉讼时效期间的情形除外。本案中，被上诉人签收上诉人《理赔通知书》的单据为上诉人所掌握，不属于新的证据，且上诉人亦未将其作为证据提交，本院不予采纳。上诉人在一审期间未提出诉讼时效抗辩，在二审期间主张被上诉人起诉超过诉讼时效，本院不予支持。

综上所述，上诉人 ××××人寿保险股份有限公司深圳分公司的上诉请求不能成立，应予驳回；一审判决认定事实清楚，适用法律正确，应予维持。依据《中华人民共和国民事诉讼法》第一百七十条第一款第一项规定，判决如下：

驳回上诉，维持原判。本判决为终审判决。

温州市中级人民法院
执行裁定书

（2014）浙温执复字第 36 号

申请复议人（被执行人）：虞某燕

申请复议人（被执行人）：黄某录

申请执行人：陈某

申请复议人虞某燕、黄某录不服瑞安市人民法院（下称执行法院）（2014）温瑞执异字第 45 号执行裁定书，向本院申请复议，本院受理后依法组成合议庭进行审查，该案现已审查终结。

执行法院查明，2007 年 10 月、2009 年 6 月、2010 年 9 月、2011 年 4 月，虞某燕、黄某录陆续与中国平安人寿保险股份有限公司温州中心支公司签订了七份保险合同：保单号 p12000000186××××，投保主险智盈人生，附加寿险智盈重疾，投保人虞某燕，被保险人虞某燕，受益人法定，年交保费 6 000 元，交费年限终身，保险期间终身。保单号 p12000000214××××，投保主险世纪赢家，附加寿险赢家重疾，附加寿险智盈重疾，投保人虞某燕，被保险人黄某贝，生存保险金受益人黄某贝，身故保险金受益人法定，平交保费12 000元，交费年限终身，保险期间终身。保单号p1200000021××××，投保主险智盈人生，附加寿险智盈重疾，投保人虞某燕，被保险人黄某录，生存保险金受益人黄某录，身故保险金受益人法定，年交保费6 000元，交费年限终身，保险期间终身。保单号p12000000214××××，投保主险幸福a04，投保人虞某燕，被保险人虞某燕，身故保险金受益人黄某贝，年交保费575元，交费年限20年，保险期间20年。保单号p12000000680××××，投保主险世纪天使，附加长险天使重疾，投保人虞某燕，被保险人黄某羽，生存保险金受益人黄某羽，身故保险金受益人虞某燕，年交保费14 698.93元，交费年限20年，保险期间终身，该保单已产生生存保险金12 000元及利息33.12元。保单号p12000000712××××，投保主险智盈人生，附加寿险智盈重疾，投保人黄某录，被保险人黄某录，受益人法定，年交保费6 000元，交费年限终身，保险期间终身。保单号p12000000712××××，投保主险智盈人生，附加寿险智盈重疾，投保人黄某录，被保险人虞某燕，受益人法定，年交保费6 000元，交费年限终身，保险期间终身。2013年6月24日，执行法院做出（2013）温瑞执民字第4403号裁定书，冻结虞某燕、黄某录所投保险的现金价值。2013年10月10日，执行法院做出（2013）温瑞执民字第4403-2号裁定，扣划被执行人虞某燕、黄某录所投保险的现金价值及生存金，并向保险公司发出协助执行通知书，保险公司提出执行异议，因证据问题自行撤回，后于2013年10月24日根据要求将保单现金价值及生存金共计161 050.47元汇入执行法院指定账户。此前，前述保险合同交费正常。另查明，虞某燕与黄某录于2001年4月28日结婚，婚生一女一子，分别为黄某羽和黄某贝。

执行法院认为，申请人与保险公司签订的七份保险合同，属储蓄或投资型保险合同。在保险事故尚未发生时，储蓄或投资型保险合同的财产权益内容为投保人即执行异议人的财产。根据保险法规定，除本法另有规定或者保险合同另有约定外，保险合同成立后，投保人可以解除合同，保险人不得解除合同。因此，投保人享有法定的任意解除权。执行异议人身负执行债务，在其能够解除而不愿自行解除保险合同的情况下，为充分保护债权人的合法权益，本院要求保险公司协助将保单所体现的现金价值进行扣划，符合法律规定。在保单号p12000000680××××项下产生的生存受益金12 000元及其利息33.12元，根据合同约定属案外人黄某羽所有，应退回到中国平安人寿保险股份有限公司温州中心支公司。驳回执行异议人黄某录、虞某燕的其他异议请求，对此，异议人不服，向本院申请复议。

申请复议人虞某燕、黄某录称：一、原审法院将申请人所投保险的现金价值进行扣划，侵犯了保险合同当事人权益。申请人以自己或家人的生命、健康作为保险利益，分别于2007

年、2009年、2010年、2011年与中国平安人寿保险股份有限公司（以下简称平安人寿保险公司）签订了七份保险合同，该保险是为了保障被保险人的身体和生命利益，该利益与身体健康不可分割，具有很强的人身依附属性。执行法院对保险单的现金价值进行扣划必将导致该七份保险合同自动解除，使受益人无法再向保险公司索要保险金。二、申请人所投的七份保险合同并非属于储蓄或投资型保险合同，其现金价值不是申请人的储蓄或投资，原审法院强制扣划没有法律依据。保单的现金价值是申请人对保险公司所享有的一种可期待的债权，保险合同解除前，保单的现金价值作为保险费的一部分归保险公司所有，申请人对保单的现金价值享有期待权，不享有保单现金价值请求权，债权未到期，执行法院不能强制执行。综上，请求本院依法变更（2014）温瑞执异字第45号执行裁定书。

复议查明的事实与执行法院查明的事实一致，本院予以确认。

本院认为，复议人虞某燕、黄某录于2007年、2009年、2010年、2011年与平安人寿保险公司签订的七份保险合同，以被保险人的身体健康与疾病为投保内容，属于人寿保险范畴，具有人身保障功能。法院强制执行该保单的现金价值将会危害被保险人的生存权益。因此，该类人寿保险不宜强制执行。综上，申请复议人复议理由成立，本院予以支持，执行法院认定该保险为储蓄或投资型保险合同，并据此扣划该保单现金价值不当，予以纠正。依据《中华人民共和国民事诉讼法》第二百二十五条和《最高人民法院关于适用〈中华人民共和国民事诉讼法〉执行程序若干问题的解释》第八条、第九条的规定，裁定如下：

一、撤销执行法院（2013）温瑞执民字第4403-2号裁定。

二、依据（2013）温瑞执民字第4403-2号裁定扣划的保险现金价值及生存金退回中国平安人寿保险股份有限公司温州中心支公司。

本裁定书送达后立即发生法律效力。

审判长　陈某荣

代理审判员　吴某学

代理审判员　汝某钰

二〇一四年八月二十五日

执行裁定书

（2019）甘 0523 执异 1 号

异议人：中国平安人寿保险股份有限公司天水中心支公司，住所地甘肃省天水市秦州区

法定代表人：牛某，系该公司负责人

委托诉讼代理人：李某，甘肃省甘谷县人

申请执行人：王某，甘肃省甘谷县人

被执行人：邵某，甘肃省甘谷县人

被执行人：刘某，甘肃省甘谷县人

本院在执行王某与邵某、刘某借款合同纠纷一案中，异议人中国平安人寿保险股份有限公司天水中心支公司对本院的（2019）甘 0523 执 66 号之一执行裁定书做出的提取被执行人刘某应取得的其父亲刘某学投保的中国平安人寿保险股份有限公司天水中心支公司的人身意外保险理赔收入 12 000 元的执

行行为不服，向本院提出书面异议。本院受理后，依法组成合议庭进行审查，现已审查终结。

中国平安人寿保险股份有限公司天水中心支公司称，人寿保险的现金价值和保险金具有人身专属性，人寿保险不属于债务的追偿范围，账户资金不受债务纠纷困扰。《中华人民共和国合同法》第七十三条规定："因债务人怠于行使到期债权，对债权人造成损害的，债权人可以向人民法院请求以自己的名义代位行使债务人的债权，但该债权专属于债务人自身的除外。"《最高人民法院关于适用〈中华人民共和国合同法〉若干问题的解释（一）》第十二条规定："合同法第七十三条第一款规定的专属于债务人自身的债权，是指基于扶养关系、抚养关系、赡养关系、继承关系产生的给付请求权和劳动报酬、退休金、养老金、抚恤金、安置费、人寿保险、人身伤害赔偿请求权等权利。"最高人民法院《关于保险金能否作为被保险人遗产的批复》对人寿保险保险金是否作为被保险人遗产有明确批复："根据我国保险法规有关条文规定的精神，人身保险金能否列入被保险人遗产，取决于被保险人是否指定了受益人。指定了受益人的，被保险人死亡后，其人身保险金应付给收益人；未指定收益人的，被保险人死亡后，其人身保险金应作为遗产处理，可以用来清偿债务或者赔偿。"在人身保险合同中，能够现金领取的只有退保现金价值或身故保险金。基于上述两点法律规定，因人寿保险合同而产生的退保现金价值或保险金具有人身专属性，不属于债务的追偿范围，不能作为执行对象。

王某称，法院应把该保险赔偿金直接从保险公司划过来。

本院查明，被执行人刘某父亲为刘某学，刘某学购买了中国平安人寿保险股份有限公司天水中心支公司的人寿保险合同，投保单号为A34000000263××××，指定受益人为刘某。现刘某学已死亡。

本院认为，保险金是指保险事故发生后，被保险人或者受益人所获得的赔偿额，属被保险人或者享有的财产权益。虽然人寿保险是以人的生命和身体为保险标的，兼具人身保障和投资理财功能，但保险单本身具有储蓄性和有价性，其储蓄性和有价性体现在投保人可通过解除保险合同提取保险单的现金价值。人寿保险单的现金价值系基于投保人缴纳的保险费所形成的，由投保人缴纳的保险费以及扣除相关费用后的分红收益构成，故人寿保险单的现金价值属于投保人依法享有的财产权益。这种保险单的现金价值属于投保人的责任财产，且在法律性质上不具有人身依附性和专属性，也不属于《最高人民法院关于人民法院民事执行中查封、扣押、冻结财产的规定》第五条所规定的不得执行的财产。所以，依法可作为强制执行的标的。

《最高人民法院关于保险金能否作为被保险人遗产的批复》规定："人身保险一旦产生死亡赔偿金，需要区分保单是否指明了受益人，如没有指定受益人，则死亡赔偿金可以作为被保险人的遗产处理，法院可以执行该保险金；如指定了受益人，该保险金不能视为遗产，故当被保险人为被执行人的情况下，遗产不能被执行。"本案中被执行人刘某的父亲刘某学购买了中国平安人寿保险股份有限公司天水中心支公司的人寿保险合同，投保单号为A34000000263××××，指定受益人为刘某。本案的被执行人为刘某（受益人），而非被保险人刘某学，故对于该保险金应当予以强制执行。被保险人刘某学死亡后，刘某作为受益人，所得的保险赔偿金系被执行人的收入。《中华人民共和国民事诉讼法》第二百四十三条规定："被执行人未按执行通知履行法律文书确定的义务，人民法院有权扣留、提取被执行人应当履行义务部分的收入。"依照《中华人民共和国民事诉讼法》第二百五十条、《最高人民法院关于人民法院办理执行异议和复议案件若干问题的规定》第十七条规定，裁定如下：

驳回异议人中国平安人寿保险股份有限公司天水中心支公司的异议请求。

如不服本裁定，可以自本裁定书送达之日起十日内，向天水市中级人民法院申请复议。

审判长　王某明

审判员　张某祥

审判员　李某刚

法官助理　武某田

二〇一九年三月十二日

辽宁省锦州市中级人民法院
执行裁定书

（2017）辽 07 执复 20 号

复议申请人（申请执行人）：中国建设银行股份有限公司锦州分行，住所地锦州市古塔区中央大街二段 56 号

负责人：王某生，该分行行长

委托诉讼代理人：姜某，该分行职员

委托诉讼代理人：兰某君，该分行职员

被执行人：辽宁东方电缆有限责任公司，住所地锦州市松山新区大穆村

法定代表人：浦某莲，该公司董事长

被执行人：锦州市中小企业融资担保有限公司，住所地锦州市太和区福州街 21-1、2 号

法定代表人：王某，该公司总经理

被执行人：浦某莲，女，1955年11月30日出生，汉族，辽宁东方电缆有限责任公司董事长，居住地锦州市凌河区

被执行人：彭某君，男，1955年9月17日出生，汉族

被执行人：浦某，女，1962年7月22日出生，汉族，居住地锦州市太和区

被执行人：王某富，男，1951年6月6日出生，汉族

被执行人：彭某波，男，1976年7月16日出生，汉族，无职业，居住地锦州市凌河区

被执行人：王某，女，1979年12月29日出生，汉族

复议申请人中国建设银行股份有限公司锦州分行不服辽宁省锦州市古塔区人民法院（2017）辽0702执异21号裁定，向本院申请复议，本院受理后，依法组成合议庭进行审查，现已审查终结。

辽宁省锦州市古塔区人民法院（以下简称古塔区法院）查明，本案据以执行的古塔区法院（2016）辽0702民初841号民事判决于2016年11月3日生效，执行标的为380余万元。在古塔区法院审理过程中于2016年8月8日查封了被执行人辽宁东方电缆有限责任公司位于锦州市 ××山新区办事处大穆村锦州国用（2012）第000188工业用地，轮候查封了该公司名下坐落于锦州市 ××山新区办事处大穆村房权证（2012）第01862号厂房；轮候查封了被执行人浦某、王某富坐落于锦州市太和区武汉街96-68号、92-31号、94-21号、92-30号房屋；轮候查封了被执行人彭某波、被执行人王某名下的坐落于

锦州市太和区武汉街 96-53 号、96-81 号房屋。在执行过程中，于 2017 年 3 月 23 日冻结被执行人浦某银行存款 10 626.92 元、11 471.77 元；于 2017 年 3 月 21 日冻结被执行人彭某波在中国银行股份有限公司 00000294772608321××××账户内存款余额人民币 50 060.86 元。该笔存款中的 5 万元，系被执行人彭某波于 2016 年 6 月 16 日患膀胱恶性肿瘤后，中国平安保险股份有限公司于 2016 年 11 月 4 日给付的理赔款。为此，被执行人彭某波向古塔区法院提出执行异议，希望从人道主义出发，给予其在中国银行股份有限公司 00000294772608321××××账户内 5 万元解冻。

古塔区法院认为，根据《中华人民共和国民事诉讼法》第二百四十三条第一款规定："被执行人未按执行通知履行法律文书确定的义务，人民法院有权扣留、提取被执行人应当履行义务部分的收入。但应当保留被执行人及其所扶养家属的生活必需费用。"《最高人民法院关于〈人民法院民事执行中查封、扣押、冻结财产〉的规定》第五条规定："人民法院对被执行人下列的财产不得查封、扣押、冻结：……（二）被执行人及其所扶养家属所必需的生活费用。当地有最低生活保障标准的，必需的生活费用依照该标准确定。"本案中，异议人是因金融借款合同纠纷而承担担保责任，被裁判文书确定为被告及被执行人。本案中的借款人，也是第一被执行人辽宁东方电缆有限责任公司有土地、房屋等财产可供执行，而且，在执行过程中又查封了被执行人浦某银行存款 2 万余元，并查封了各担保人，即各被执行人的相应房产。从执行现状看属于尚有其他财产可供执行。现在异议人提出要求解封的5万元是其于2016年6月16日被诊断为“患膀胱恶性肿瘤”后，中国平安保险股份有限公司于2016年11月4日根据异议人的投保而给付的理赔款。虽然是商业险，但根据保监会有关险种的规定，健康险是以人的身体出现保险合同约定的重大疾病时，给付被保险人或受益人保险金的险种。此险种具有较强的人身依附性，该保险金是对异议人治疗重大疾病的赔付，也是异议人所必需的生活治疗费用。而且就本案而言，5万元对于没有工作又患有恶性肿瘤的异议人来讲，可以维系一定时段的生命，缓解治疗疾病所带来的经济拮据境况。但对于申请执行人来讲却是杯水车薪。为此，出于对生命价值的尊重，从生命权高于债权的角度及人道主义出发，本着和谐司法、为民司法的原则，对异议人的5万赔付金不应予以强制执行。古塔区法院依照《中华人民共和国民事诉讼法》第二百二十五条规定裁定：撤销古塔区法院于2017年3月21日作出的（2016）辽0702执729号执行裁定中“冻结被执行人彭某波名下银行存款”，即其在中国银行股份有限公司00000294772608321××××账户内5万元的查封。

中国建设银行股份有限公司锦州分行向本院申请复议称：一、被执行人彭某波虽为保证人，但其对该笔债务承担的是连带责任，对债务的清偿是无条件的且没有先后顺序之分，因此古塔区法院以已查封了债务人的部分财产为理由之一撤销原裁定没有任何法律依据。二、被执行人的保险费不属于不可执行财产，即使5万元是保险公司赔付的，该保险也是商业险，属于投资的产品收益。而且被执行人彭某波有医保，生活有保证。三、如果5万元是保险公司支付的赔付款，2016年11月4日该款项已到达被执行人帐户，法院的冻结时间为2017年3月21日，如果是其治病急需且没有其他收入来源，2016年6月16日就已患病的被申请人不可能等到冻结存款后才需要此笔款项治病。被执行人患病需要治疗，但是也要履行偿还债务的义务，这两者并不矛盾。被执行人并不能证明这5万元是其唯一财产。因此，希望二审法院综合考虑本案的事实情况，依法撤销古塔区法院（2017）辽0702执异21号执行裁定。被执行人辽宁东方电缆有限责任公司、锦州市中小企业融资担保有限公司、浦某莲、彭某君、浦某、王某富、彭某波、王某未提交书面意见。

本院查明，古塔区法院查明的事实属实，本院予以确认。

本院认为，在强制执行程序中，对被执行人财产采取执行措施的同时，应当保障被执行人及其所扶养家属基本的生存权，保留被执行人及其所扶养家属的生活必需费用。被执行人彭某波身患重大疾病，需要大量治疗费用，本案争议5万元钱款系保险公司给付被执行人彭某波的重大疾病保险理赔款，具有较强的人身依附性，该保险金是用于救治、专属于被执行人彭某波的财产利益。且被执行人彭某波系失业人员，复议申请人中国建设银行股份有限公司锦州分行亦未能提供充分有效的证据证明被执行人彭某波还有其他能够保障其本人及所扶养家属基本生活的财产，古塔区法院出于对生命价值的尊重，从人道主义出发，基于生命权高于债权及和谐司法、为民司法的原则，裁定对5万保险理赔款不予执行并无不当。

综上，古塔区法院认定事实清楚，适用法律正确。依照《中华人民共和国民事诉讼法》第二百二十五条、最高人民法院《关于人民法院办理执行异议和复议案件若干问题的规定》第二十三条第一款第（一）项规定，裁定如下：

驳回中国建设银行股份有限公司锦州分行复议申请，维持辽宁省锦州市古塔区人民法院（2017）辽0702执异21号异议裁定。

本裁定为终审裁定。

审判长　刘某芬　审判员　庄某洁　审判员　姚某峰

法官助理　韩　某

书记员　郭某晶

二〇一七年七月十七日

《江苏省高级人民法院关于加强和规范被执行人所有的人身保险产品财产性权益执行的通知》

各市中级人民法院，徐州铁路运输法院，各基层人民法院：

为了加强和规范被执行人所有的人身保险产品财产性权益的执行，现将有关问题通知如下：

一、保险合同存续期间，人身保险产品财产性权益依照法律、法规规定，或依照保险合同约定归属于被执行人的，人民法院可以执行。人身保险产品财产性权益包括依保险合同约定可领取的生存保险金、现金红利、退保可获得的现金价值（账户价值、未到期保费），依保险合同可确认但尚未完成支付的保险金，及其他权属明确的财产性权益。

人民法院执行人身保险产品财产性权益时，应遵守《中华人民共和国民事诉讼法》第二百四十三条、《最高人民法院关于人民法院民事执行中查封、扣押、冻结财产的规定》第五条的规定。例如，对于被保险人或受益人为被执行人的重疾型保险合同，已经发生保险事故，依保险合同可确认但尚未完成支付的保险金，人民法院执行时应当充分保障被执行人及其所扶养家属的生存权利及基本生活保障。

二、人民法院要求保险公司协助查询、冻结、处置被执行人所有的人身保险产品及其财产性权益时，执行人员应当出具本人工作证和执行公务证，并出具执行裁定书、协助执行通知书等法律文书。

申请执行人无法提供被执行人所有的人身保险产品所属保险公司或保险合同编号的，人民法院可以到江苏省保险行业协会进行查询。执行人员查询时应当出具本人工作证、执行公务证以及协助执行通知书等法律文书。

三、人民法院查询被执行人所有的人身保险产品及其财产性权益时，保险公司应当于查询当日协助反馈人身保险产品的合同编号、名称、类型、购买日/到期日、产品状态、退保可获得的现金价值（账户价值、未到期保费）、产品对应的回款资金账户、联系电话等信息。保险公司向人民法院反馈的信息，以人民法院查询当日保险公司的系统数据为限。被执行人在保险公司无人身保险产品的，保险公司应当反馈查无人身保险产品信息。

四、人民法院冻结被执行人所有的人身保险产品及其财产性权益时，应当在协助冻结通知书中载明以下内容：

1. 需冻结的保险合同编号、被执行人姓名、身份证号码、冻结期限等；

2. 禁止保险公司将保险合同的财产性权益支付给被执行人；

3. 禁止保险公司将保险合同约定有权获得该财产性权益的权利人变更为被执行人以外的人；

4. 禁止保险公司对保险合同约定的红利支付方式进行变更等可能影响执行的事项。

五、投保人为被执行人，且投保人与被保险人、受益人不一致的，人民法院扣划保险产品退保后可得财产利益时，应当通知被保险人、受益人。被保险人、受益人同意承受投保人的合同地位、维系保险合同的效力，并向人民法院缴付了相当于退保后保单现金价值的财产替代履行的，人民法院不得再执行保单的现金价值。

被保险人、受益人未向人民法院缴付相当于退保后保单现金价值财产的，人民法院可以要求投保人签署退保申请书，并向保险公司出具协助扣划通知书。投保人下落不明或者拒绝签署退保申请书的，人民法院可以直接向保险公司发出执行裁定书、协助执行通知书，要求保险公司解除保险合同，并协助扣划保险产品退保后的可得财产性权益，保险公司负有协助义务。投保人未签署退保申请书，保险公司依人民法院执行裁定解除保险合同、协助执行后，相关人员因此起诉保险公司的，人民法院不予支持。

六、保险公司收到人民法院协助执行通知书，应当根据法律、法规规定和保险合同约定计算确定被执行人所有的人身保险产品财产性权益的价值，并严格按照人民法院要求履行协助执行的义务。被执行人为投保人，且保险合同尚在犹豫期内的，被执行财产性权益的价值为依合同约定应退还给投保人的保险费。被执行保险合同有质押借款或贷款的，保险公司作为质权人可以从被执行财产性权益中扣除借款或贷款的本息优先受偿。

七、保险公司以及其他利害关系人等，对人民法院冻结、处置人身保险产品有异议的，可以依法向执行法院提出执行异议，执行法院应当依法审查处理。

八、保险公司没有正当理由拒绝协助执行的，人民法院可以依据《中华人民共和国民事诉讼法》第一百一十四条的规定对其采取民事制裁措施。

本通知执行中有其他问题，请及时报告我院。

江苏省高级人民法院

2018 年 7 月 9 日

附录 7

穿透责任制：在税法上否认当前形式上的纳税主体，而穿透到其实际控制人的一种征税制度。

隔离责任制：以独立法人的形式作为征税主体，不追究其实际控制人的一种征税制度。注意，不是绝对不追究，符合法定条件一样可以适用穿透责任制。

《中华人民共和国企业所得税法》

第一条　在中华人民共和国境内，企业和其他取得收入的组织（以下统称企业）为企业所得税的纳税人，依照本法的规定缴纳企业所得税。

个人独资企业、合伙企业不适用本法。

《个人独资企业和合伙企业投资者征收个人所得税的规定》

第二条　本规定所称个人独资企业和合伙企业是指：

（一）依照《中华人民共和国个人独资企业法》和《中华人民共和国合伙企业法》登记成立的个人独资企业、合伙企业；

（二）依照《中华人民共和国私营企业暂行条例》登记成立的独资、合伙性质的私营企业；

（三）依照《中华人民共和国律师法》登记成立的合伙制律师事务所；

（四）经政府有关部门依照法律法规批准成立的负无限责任和无限连带责任的其他个人独资、个人合伙性质的机构或组织。

第三条　个人独资企业以投资者为纳税义务人，合伙企业以每一个合伙人为纳税义务人（以下简称投资者）。

《个体工商户个人所得税计税办法》

第三条　本办法所称个体工商户包括：

（一）依法取得个体工商户营业执照，从事生产经营的个体工商户；

（二）经政府有关部门批准，从事办学、医疗、咨询等有偿服务活动的个人；

（三）其他从事个体生产、经营的个人。

第四条　个体工商户以业主为个人所得税纳税义务人。

《中华人民共和国民法总则》

第五十六条　个体工商户的债务，个人经营的，以个人财产承担；家庭经营的，以家庭财产承担；无法区分的，以家庭财产承担。农村承包经营户的债务，以从事农村土地承包经营的农户财产承担事实上由农户部分成员经营的，以该部分成员的财产承担。

《中华人民共和国合伙企业法》

第二条　本法所称合伙企业，是指自然人、法人和其他组织依照本法在中国境内设立的普通合伙企业和有限合伙企业。普通合伙企业由普通合伙人组成，合伙人对合伙企业债务承担无限连带责任。本法对普通合伙人承担责任的形式有特别规定的，从其规定。有限合伙企业由普通合伙人和有限合伙人组成，普通合伙人对合伙企业债务承担无限连带责任，有限合伙人以其认缴的出资额为限对合伙企业债务承担责任。

虚假交易（比如刷单）按照相关款项是否已被确认为收入分为两种情况（如附图1所示）:

1. 未被确认为收入的：仅仅是虚报销售收入或者成交后退款的，不需要缴纳税款，其行为构成虚假宣传。

【相关法律法规】

《中华人民共和国反不正当竞争法》

第八条　经营者不得对商品的性能、功能、质量、销售状况、用户评价、曾获荣誉等做虚假或者引人误解的商业宣传，欺骗、误导消费者。

第二十条　违反本法第八条对商品做虚假或者引人误解的商业宣传，或者通过组织虚假交易等方式帮助其他经营者进行虚假或者引人误解的商业宣传，由监督检查部门责令停止违法行为，处二十万元以上一百万元以下的罚款；情节严重的，处一百万元以上二百万元以下的罚款，可以吊销营业执照。

2. 已被确认为收入的：商家销售产品或者服务，按照现行的法律理应向买方开具发票，即使实际上是刷单产生的虚假交易，但只要在其成交记录上显示为实际购买商品或者服务，税务部门即认定为卖家实际的销售收入，也应当计入该纳税主体的应纳税额。主动申报的销售收入与实际应纳税额出现较大差距的行为，构成欠税。

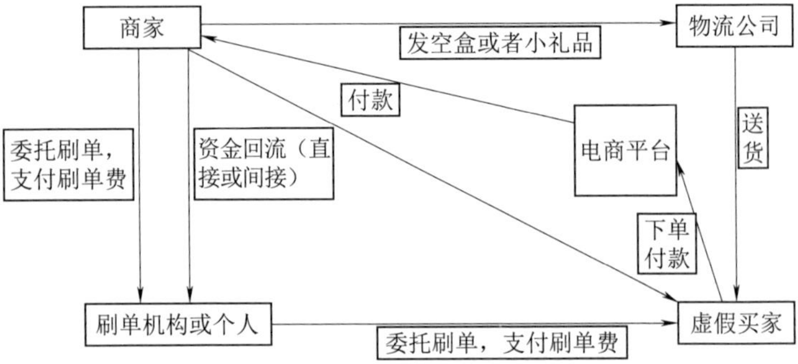

附图1　虚假交易

【相关法律法规】

《中华人民共和国税收征收管理法》

第二十一条第二款销售商品、提供服务以及从事其他经营活动的单位和个人，对外发生经营业务收取款项，收款方应当向付款方开具发票；特殊情况下，由付款方向收款方开具发票。

《欠税公告办法（试行）》

第三条　本办法所称欠税是指纳税人超过税收法律、行政法规规定的期限或者纳税人超过税务机关依照税收法律、行政法规规定确定的纳税期限（以下简称税款缴纳期限）未缴纳的税款，包括：

（一）办理纳税申报后，纳税人未在税款缴纳期限内缴纳的税款；

（二）经批准延期缴纳的税款期限已满，纳税人未在税款缴纳期限内缴纳的税款；

（三）税务检查已查定纳税人的应补税额，纳税人未在税款缴纳期限内缴纳的税款；

（四）税务机关根据《税收征管法》第二十七条、第三十五条核定纳税人的应纳税额，纳税人未在税款缴纳期限内缴纳的税款；

（五）纳税人的其他未在税款缴纳期限内缴纳的税款。

税务机关对前款规定的欠税数额应当及时核实。

本办法公告的欠税不包括滞纳金和罚款。

【涉税案例】

2018年宁波市税务局第三稽查局依法对宁波某照明科技有限公司进行了突击稽查，发现该公司在2013年1月至2014年8月的支付宝收入中，有一大半是通过刷单得来的虚假收入。经核实，该公司通过采取在账本上不列收入的手段，匿报销售收入近500万元，少缴税款90多万元。据悉，该照明科技有限公司于2013年1月至2014年8月，在淘宝天猫上开设旗舰店销售产品。稽查人员在对该公司支付宝账号的流水对账检查时发现，其支付宝总收入有2 400余万元，除去小额退款、部分退款、贷款、打款退款等不属于营业收入的300万余元，实际属于营业销售收入的有2 100余万元。但其实为扩大销售量，提升网店的信用等级和品牌形象，郑某雇用了专门为他人网店刷单刷销量的社会人员陈某、李某，郑某通过提供资金、支付报酬的形式，让陈某和李某以无真实货物交易的手段为其网店大肆刷销量，造成虚假的销售收入。

附录 9

关联交易《企业会计准则第 36 号——关联方披露》

第三条　一方控制、共同控制另一方或对另一方施加重大影响，以及两方或两方以上同受一方控制、共同控制或重大影响的，构成关联方。

控制，是指有权决定一个企业的财务和经营政策，并能据以从该企业的经营活动中获取利益。

共同控制，是指按照合同约定对某项经济活动所共有的控制，仅在与该项经济活动相关的重要财务和经营决策需要分享控制权的投资方一致同意时存在。

重大影响，是指对一个企业的财务和经营政策有参与决策的权力，但并不能够控制或者与其他方一起共同控制这些政策的制定。

第四条　下列各方构成企业的关联方：

（一）该企业的母公司。

（二）该企业的子公司。

（三）与该企业受同一母公司控制的其他企业。

（四）对该企业实施共同控制的投资方。

（五）对该企业施加重大影响的投资方。

（六）该企业的合营企业。

（七）该企业的联营企业。

（八）该企业的主要投资者个人及与其关系密切的家庭成员。主要投资者个人，是指能够控制、共同控制一个企业或者对一个企业施加重大影响的个人投资者。

（九）该企业或其母公司的关键管理人员及与其关系密切的家庭成员。关键管理人员，是指有权力并负责计划、指挥和控制企业活动的人员。与主要投资者个人或关键管理人员关系密切的家庭成员，是指在处理与企业的交易时可能影响该个人或受该个人影响的家庭成员。

（十）该企业主要投资者个人、关键管理人员或与其关系密切的家庭成员控制、共同控制或施加重大影响的其他企业。

《中华人民共和国企业所得税法》

第四十一条　企业与其关联方之间的业务往来，不符合独立交易原则而减少企业或者其关联方应纳税收入或者所得额的，税务机关有权按照合理方法调整。

第四十四条　企业不提供与其关联方之间业务往来资料，或者提供虚假、不完整资料，未能真实反映其关联业务往来情况的，税务机关有权依法核定其应纳税所得额。

第四十八条　税务机关依照本章规定作出纳税调整，需要补征税款的，应当补征税款，并按照国务院规定加收利息。

《中华人民共和国税收征收管理法》

第三十六条　企业与其关联企业之间的业务往来，应当按照独立企业之间的业务往来收取或者支付价款、费用；不按照独立企业之间的业务往来收取或者支付价款、费用，而减少其应纳税的收入或者所得额的，税务机关有权进行合理调整。

《中华人民共和国税收征收管理法实施细则》

第五十四条　纳税人与其关联企业之间的业务往来有下列情形之一的，税务机关可以调整其应纳税额：（一）购销业务未按照独立企业之间的业务往来作价；

（二）融通资金所支付或者收取的利息超过或者低于没有关联关系的企业之间所能同意的数额，或者利率超过或者低于同类业务的正常利率；

（三）提供劳务，未按照独立企业之间业务往来收取或者支付劳务费用；

（四）转让财产、提供财产使用权等业务往来，未按照独立企业之间业务往来作价或者收取、支付费用；

（五）未按照独立企业之间业务往来作价的其他情形。

【涉税案例】

A 公司与 B 公司在同一地区，同为某集团的子公司，企业所得税适用税率均为25%。2017年，A公司向B公司拆借资金2 000万元（同期同类贷款利率7%），由于同属于某集团子公司，并未支付利息，A、B公司分别亏损200万元、80万元。

税务机关认为，B公司应按同期同类贷款利率7%计算利息收入，并缴纳相应的税款；A公司应支付利息，计入所得额，在企业所得税前扣除。某集团认为，A、B公司双方无偿借贷资金，没有产生利息，无须缴纳增值税；对于企业所得税，双方实际税负率相同，并未导致总体税收收入减少，无须计算利息并调整所得额。

案件解析：按照企业所得税相关法规，A、B公司属于关联企业，其相互借贷资金亦属于关联交易，不管企业是否无偿借贷，都应计算利息收支。A公司应按照金融企业同期同类贷款利率计算的利息在企业所得税前扣除，而B公司应对借款利息全额作应税收入，申报缴纳企业所得税（如附图2所示）。

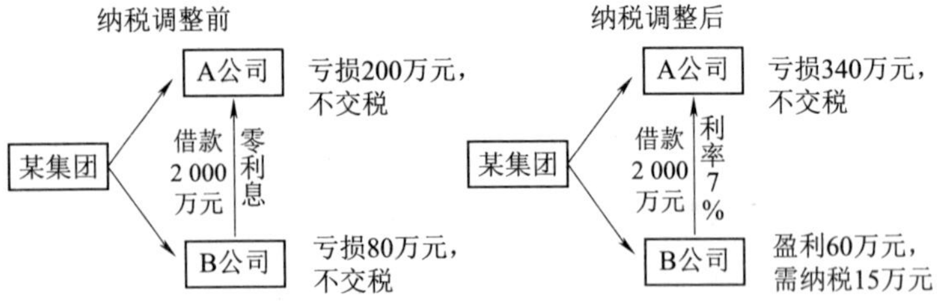

附图2　关联交易

应纳税所得额为140万元（2 000万元 ×7%）。利息确认后，A公司亏损340万元（200万元+ 140万元）；B公司盈利60万元（140万元－ 80万元），需缴纳企业所得税。计算利息后，A公司仍然亏损，无须缴纳企业所得税；B公司盈利，应缴纳企业所得税。

附录 10

账外经营

《中华人民共和国税收征收管理法》第六十三条　纳税人伪造、变造、隐匿、擅自销毁账簿、记账凭证，或者在账簿上多列支出或者不列、少列收入，或者经税务机关通知申报而拒不申报或者进行虚假的纳税申报，不缴或者少缴应纳税款的，是偷税。对纳税人偷税的，由税务机关追缴其不缴或者少缴的税款、滞纳金，并处不缴或者少缴的税款百分之五十以上五倍以下的罚款；构成犯罪的，依法追究刑事责任。

【涉税案例】

南京德嘉置业有限公司与国家税务总局南京市税务局稽查局行政处罚一审行政判决书

（2018）苏 8602 行初 273 号　节选

案情简述：经税务稽查局检查，发现南京德嘉置业有限公司（简称德嘉公司）在 2010 年至 2014 年期间租金收入合计

18 883 287.52 元未入账，系通过原告员工（程某中、梁某宁、梁某、朱某）的个人银行账户收取，亦未在当年度企业所得纳税申报中予以申报、纳税。根据税法的相关规定，经审核计算，德嘉公司偷税金额为人民币 3 761 308.31 元。

法院认为：原告的行为符合《税收征管法》第六十三条规定的偷税的构成要件，被告认定原告偷税的行为事实清楚，适用法律正确。

在偷税认定方面，原告强调系原总经理章某的个人行为，但本院认为，总经理代表公司租赁公司房产，系职务行为，且法定代表人、执行董事对租金长期打入个人账户均是知情的。公安未对总经理立案查处，尚无法认定属职务犯罪行为。

《中华人民共和国合同法》

第七十三条　因债务人怠于行使其到期债权，对债权人造成损害的，债权人可以向人民法院请求以自己的名义代位行使债务人的债权，但该债权专属于债务人自身的除外。

代位权的行使范围以债权人的债权为限。债权人行使代位权的必要费用，由债务人负担。

《中华人民共和国合同法司法解释（一）》

第十二条　合同法第七十三条第一款规定的专属于债务人自身的债权，是指基于扶养关系、抚养关系、赡养关系、继承关系产生的给付请求权和劳动报酬、退休金、养老金、抚恤金、安置费、人寿保险、人身伤害赔偿请求权等权利。

《中华人民共和国个人所得税法》

第四条　下列各项个人所得，免征个人所得税：

（一）省级人民政府、国务院部委和中国人民解放军军以上单位，以及外国组织、国际组织颁发的科学、教育、技术、文化、卫生、体育、环境保护等方面的奖金；

（二）国债和国家发行的金融债券利息；

（三）按照国家统一规定发给的补贴、津贴；

（四）福利费、抚恤金、救济金；

（五）保险赔款；

（六）军人的转业费、复员费、退役金；

（七）按照国家统一规定发给干部、职工的安家费、退职费、基本养老金或者退休费、离休费、离休生活补助费；

（八）依照有关法律规定应予免税的各国驻华使馆、领事馆的外交代表、领事官员和其他人员的所得；

（九）中国政府参加的国际公约、签订的协议中规定免税的所得；

（十）国务院规定的其他免税所得。

前款第十项免税规定，由国务院报全国人民代表大会常务委员会备案。判断保险的各项金额是否属于“赔款”（立法免税），主要看保险合同中有关保险责任的条款，例如：

第九条　保险责任

在本合同有效期内，我们承担下列保险责任：

一、身故保险金　若被保险人身故，我们将按以下两项金额中的较大者向身故保险金受益人给付身故金，本合同终止：

1. 被保险人身故时本合同已交保险费；

2. 被保险人身故时本合同的现金价值（见释义 6）。

二、年金　从本合同第五个保险单周年日起，若被保险人在每一个保险单周年日零时仍生存，则按照合同约定的基本保险金额向年金受益人给付年金。

三、投保人意外身故豁免保险费　若投保人发生意外伤害（见释义 7）并自意外伤害发生之日（见释义 8）起 180 日（含当日）内因该意外伤害为直接且单独原因导致身故，且同时满足下列两个条件的，我们将豁免本合同自投保人身故之日起的续期保险费，本合同继续有效。1. 投保人与被保险人不为同一人；2. 投保人身故时年龄已满 18 周岁但未满 61 周岁。

四、投保人意外高度残疾豁免保险费

保险责任之外的经济利益（例如退保现金价值获利、分红、变更投保人赠予等）不属于保险赔款。

《中华人民共和国继承法》

第三十三条　继承遗产应当清偿被继承人依法应当缴纳的税款和债务，缴纳税款和清偿债务以他的遗产实际价值为限。超过遗产实际价值部分，继承人自愿偿还的不在此限。继承人放弃继承的，对被继承人依法应当缴纳的税款和债务可以不负偿还责任。

《中华人民共和国保险法》

第四十二条　被保险人死亡后，有下列情形之一的，保险金作为被保险人的遗产，由保险人依照《中华人民共和国继承法》的规定履行给付保险金的义务：

（一）没有指定受益人，或者受益人指定不明无法确定的；

（二）受益人先于被保险人死亡，没有其他受益人的；

（三）受益人依法丧失受益权或者放弃受益权，没有其他受益人的。受益人与被保险人在同一事件中死亡，且不能确定死亡先后顺序的，推定受益人死亡在先。

《最高人民法院关于适用〈中华人民共和国保险法〉若干问题的解释（三）》

第九条（第二款） 当事人对保险合同约定的受益人存在争议，除投保人、被保险人在保险合同之外另有约定外，按照以下情形分别处理：

（一）受益人约定为“法定”或者“法定继承人”的，以继承法规定的法定继承人为受益人；

（二）受益人仅约定为身份关系，投保人与被保险人为同一主体的，根据保险事故发生时与被保险人的身份关系确定受益人；投保人与被保险人为不同主体的，根据保险合同成立时与被保险人的身份关系确定受益人；

（三）受益人的约定包括姓名和身份关系，保险事故发生时身份关系发生变化的，认定为未指定受益人。

《中华人民共和国继承法》

第十条 遗产按照下列顺序继承：第一顺序：配偶、子女、父母。第二顺序：兄弟姐妹、祖父母、外祖父母。继承开始后，由第一顺序继承人继承，第二顺序继承人不继承。没有第一顺序继承人继承的，由第二顺序继承人继承。本法所说的子女，包括婚生子女、非婚生子女、养子女和有扶养关系的继子女。本法所说的父母，包括生父母、养父母和有扶养关系的继父母。本法所说的兄弟姐妹，包括同父母的兄弟姐妹、同父异母或者同母异父的兄弟姐妹、养兄弟姐妹、有扶养关系的继兄弟姐妹。

《中华人民共和国保险法》

第二十三条　保险人收到被保险人或者受益人的赔偿或者给付保险金的请求后，应当及时作出核定；情形复杂的，应当在三十日内作出核定，但合同另有约定的除外。保险人应当将核定结果通知被保险人或者受益人；对属于保险责任的，在与被保险人或者受益人达成赔偿或者给付保险金的协议后十日内，履行赔偿或者给付保险金义务。保险合同对赔偿或者给付保险金的期限有约定的，保险人应当按照约定履行赔偿或者给付保险金义务。保险人未及时履行前款规定义务的，除支付保险金外，应当赔偿被保险人或者受益人因此受到的损失。任何单位和个人不得非法干预保险人履行赔偿或者给付保险金的义务，也不得限制被保险人或者受益人取得保险金的权利。

附录 13

段祺华委员：

您提出的关于遗产税法律法规修改的提案收悉，现答复如下：

我国目前并未开征遗产税，也从未发布遗产税相关条例或条例草案。提案中提到的“2004 年、2010 年版《中华人民共和国遗产税暂行条例（草案）》”来源未知。

遗产税是一个历史较长的税种，世界上有很多国家和地区开征了遗产税。自上世纪 90 年代以来，我部会同国家税务总局等部门一直在认真研究相关问题，收集、梳理了部分国家和地区遗产税通行做法，并积极关注相关国家税制发展趋势。从研究情况看，遗产税具有以下一些特点：一是征税范围复杂。遗产形态多种多样，既包括房地产等不动产，也包括银行存款、现金、股票、证券、古玩、字画、珠宝等动产，还包括知识产权等无形资产，开征遗产税需要全面、准确掌握居民财产信息，以及遗赠、继承等具体情况。二是征管程序复杂。遗产税需要对各类财产进行合理估价，需要大量专业人员从事相关估价工作，征管中极易产生争议，争议解决程序通常也较为复杂。三是征管配套条件要求高。开征遗产税还需要具备相应的征管条件，如不同政府部门的紧密配合、对拒不缴税的纳税人在法律中做出税收保全和强制措施制度安排等。从近年来遗产和赠予税的国际发展趋势看，征收遗产和赠予税在调节贫富差距的同时，可能会对一国的经济特别是国外资本流入和国内资本流出产生一定的影响，是否征收遗产和赠予税已逐步成为国家、地区间税收竞争、吸引投资的一项重要内容。部分开征遗产和赠予税的国家和地区近年来出现了取消或弱化该税种的趋势。下一步，我们将继续跟踪国际上遗产税的发展趋势，进一步研究遗产税有关问题。

感谢您对财政工作的关心和支持，欢迎再提宝贵意见。

财政部

2017 年 8 月 21 日

遗产税是指一个国家或地区对死者留下的遗产征税，也被称为死亡税，征收遗产税目的是防止贫富差距过分悬殊。截至目前，全球已有 100 多个国家开征了遗产税或对遗产课征其他税收，OECD（经济合作与发展组织）国家这一比例更是高达 91%。理论上，遗产税假如征收得当，对于调节社会成员的财富分配、增加政府和社会公益事业的财力有一定的意义。

像增值税以“金税三期系统”作为硬件支持，房产税以“全国不动产统一联网登记”作为征收前提一样，任何一个重大税种的开征都需要先在客观上建立一套与之相匹配的征管系统。而从财政部2017年针对遗产税的回函来看，我国开征遗产税的客观前提是“资产透明化”。综合而言，征收遗产税的客观前提包括“资产透明化、明确资产评估规则、政府部门间协调配合”三方面。其中关于资产透明化，我国对于公民境内外各类动产、不动产、金融资产、权益动产的穿透核查体系从2012年开始快速完善。以房产为例，2014年开始，我国通过在全国范围内推行“全国不动产统一联网登记系统”、换发“不动产登记证”，截至2017年6月底，随着西藏阿里市革吉县不动产信息的联网，实现了全国范围内的不动产统一联网。2017年11月，房产税进入立法讨论范围。2018年1月召开的“十九大”明确表示将加快房产税立法，并计划于2020年前在全国推行。房产税作为地方税种，在补充地方财政土地出让金收入的同时，也能够对居民财富的再分配起到很直接的促进作用。2013年至2017年，我国建成了以个人征信、企业征信为核心的资产透明化体系，具体包括：2014年，全国工商局联网，建成企业信息查询系统，实现个人企业股权资产联网登记；2016年，推行账户分类系统、银行存款、理财产品及全国统一私募基金产品登记系统；2017年，第三方移动支付结算中心、全国信托资产登记中心、全国不动产统一联网登记中心成立；2018年，基于CRS（共同申报准则）的全球金融资产自动交换系统、全国保单统一联网登记系统建成；2019年，纳税识别号逐步普及。资产评估方面，2007 年至 2017 年期间，国家相继修订和发布了《文物保护法》《拍卖法》《资产评估法》《加强和规范个人取得拍卖收入征收个人所得税有关问题的通知》，明确资产评估从业人员的培训、认证体系。政府部门间的协调配合方面，2018 年国税、地税合并以及增加税务机关社保管理权限等情况，均反映了近年来我国已逐步形成以财政部、税务总局为核心的各部门协调机制。可以说，目前我国税务部门已经通过 2013 年到 2019 年的资产透明化、立法和政府部门机构重组工作，逐步拥有了开征遗产税的能力。

附录 14

百万圆桌会（The Million Dollar Round Table，缩写为 MDRT）是全球寿险精英的最高盛会。寿险百万圆桌会对大多数中国人来说是陌生的，但它已成为中国寿险营销人员的向往所在。国际寿险百万圆桌会议成立于 1927 年，当时 32 名销售业绩在百万美元以上的寿险营销人员希望组成一个论坛，致力于扶植高标准的寿险销售理念，树立寿险营销人员的形象。1927 年，32 位卓越的寿险营销人员，梦想成立一个国际论坛，专门用于培养寿险销售与服务的人才。其观念是：为了得到，每个人都必须给予。由此，百万圆桌会诞生了。百万圆桌会是国际性独立协会，包含来自 79 个国家、481 家人寿保险公司的 3.5 万多会员，均为世界一流的寿险和理财服务专业人士。成为 MDRT 会员并保持该资格对优秀的寿险营销人员来说是一种激励。MDRT 会员资格代表着成功与荣耀，是他们职业生涯的里程碑。

对 MDRT 会员来说，更进一步的会员资格是优秀会员（Court of the Table，缩写为 COT）和顶尖会员（Top of the Table，缩写为 TOT ），COT 的标准是 MDRT 的 3 倍，TOT 的标准是 MDRT 的 6 倍。

MDRT 的“全人理念”（Whole Person Concept），引导会员享受更有意义的家庭、健康、教育、事业、服务、财务和精神生活。

MDRT 的伦理纲领：

（1）始终将客户的利益置于自己的直接或间接利益之上。

（2）保持最高的专业技能标准，保持和提高专业知识、技术和能力，以尽可能向客户提供最好的建议。

（3）对与客户有关的所有商业与个人资讯严格保密。

（4）全面充分地公开所有必要事实，使客户做出的决定有依据。

（5）注意个人言行，以更好体现保险和理财行业以及 MDRT 的形象。

（6）确定对寿险或理财产品的任何变更，必须符合客户利益。

（7）遵守和执行从业所在地法律和法规的所有规定。

《中华人民共和国保险法》

第九十二条　经营有人寿保险业务的保险公司被依法撤销或者被依法宣告破产的，其持有的人寿保险合同及责任准备金，必须转让给其他经营有人寿保险业务的保险公司；不能同其他保险公司达成转让协议的，由国务院保险监督管理机构指定经营有人寿保险业务的保险公司接受转让。转让或者由国务院保险监督管理机构指定接受转让前款规定的人寿保险合同及责任准备金的，应当维护被保险人、受益人的合法权益。

第九十七条　保险公司应当按照其注册资本总额的百分之二十提取保证金，存入国务院保险监督管理机构指定的银行，除公司清算时用于清偿债务外，不得动用。

第一百条　保险公司应当缴纳保险保障基金。

保险保障基金应当集中管理，并在下列情形下统筹使用：

（一）在保险公司被撤销或者被宣告破产时，向投保人、被保险人或者受益人提供救济；

（二）在保险公司被撤销或者被宣告破产时，向依法接受其人寿保险合同的保险公司提供救济；

（三）国务院规定的其他情形。保险保障基金筹集、管理和使用的具体办法，由国务院制定。

《保险保障基金管理办法》（2008）

第十三条　保险保障基金的来源:（一）境内保险公司依法缴纳的保险保障基金；（二）保险保障基金公司依法从破产保险公司清算财产中获得的受偿收入；（三）捐赠；（四）上述资金的投资收益；（五）其他合法收入。

第十九条　保险公司被依法撤销或者依法实施破产，其清算财产不足以偿付保单利益的，保险保障基金按照下列规则对非人寿保险合同的保单持有人提供救助:（一）保单持有人的损失在人民币5万元以内的部分，保险保障基金予以全额救助；（二）保单持有人为个人的，对其损失超过人民币5万元的部分，保险保障基金的救助金额为超过部分金额的90%；保单持有人为机构的，对其损失超过人民币5万元的部分，保险保障基金的救助金额为超过部分金额的80%。前款所称保单持有人的损失，是指保单持有人的保单利益与其从清算财产中获得的清偿金额之间的差额。

第二十一条　被依法撤销或者依法实施破产的保险公司的清算资产不足以偿付人寿保险合同保单利益的，保险保障基金可以按照下列规则向保单受让公司提供救助:（一）保单持有人为个人的，救助金额以转让后保单利益不超过转让前保单利益的 90% 为限;(二)保单持有人为机构的,救助金额以转让后保单利益不超过转让前保单利益的 80% 为限。保险保障基金依照前款规定向保单受让公司提供救助的,救助金额应以保护中小保单持有人权益以维护保险市场稳定,并根据保险保障基金资金状况为原则确定。

第二十五条　下列业务不属于保险保障基金的救助范围,不缴纳保险保障基金:(一)保险公司承保的境外直接保险业务;(二)保险公司的再保险分入业务;(三)由国务院确定的国家财政承担最终风险的政策性保险业务;(四)保险公司从事的企业年金受托人、账户管理人等企业年金管理业务;(五)中国保监会会同有关部门认定的其他不属于保险保障基金救助范围的业务。保险公司被依法撤销或者依法实施破产,其董事、高级管理人员或者股东因违反法律、行政法规或者国家有关规定,对公司被依法撤销或者依法实施破产负有直接责任的,对该董事、高级管理人员在该保险公司持有的保单利益、该股东在该保险公司持有的财产损失保险的保单利益,保险保障基金不予救助。